EL JUEGO OCULTO DE LA DIGITALIZACIÓN

EL JUEGO OCULTO DE LA DIGITALIZACIÓN

ANA BASTIDA

Título: EL JUEGO OCULTO DE LA DIGITALIZACIÓN

De la maquetación: 2022, Romeo Ediciones
Del diseño de la cubierta: 2022, Romeo Ediciones

Primera edición: febrero de 2022

ISBN-13: 978-84-19073-73-0

ÍNDICE

AGRADECIMIENTOS

Este libro no habría sido posible sin el apoyo incondicional de Vanessa Conca, ya que es la que me ha acompañado durante todo el proceso y, sobre todo, durante prácticamente todo el 2021. Ella es la que hizo que escribir este libro, tuviera un sentido más grande que el que podía ver.

Quiero dar las gracias también a Priscila Guerrero, que me ha acompañado durante mi emprendimiento y por querer ser parte del diseño de la portada para este libro.

Gracias a Bea, por escuchar cada una de mis locuras, por estar siempre ahí, por ser la madrina de mi hijo, y por ser la mejor amiga que podría tener.

Gracias a Víctor Martín, por ser el primero de mis mentores y que, hoy en día, le sigo considerando un mentor que me ayuda a poder cumplir cada uno de mis objetivos a nivel digital.

Gracias a mi madre, que hace que cada día pueda seguir avanzando en mi emprendimiento mientras cuida de los mayores tesoros de mi vida, mis hijos.

Gracias a cada una de las personas que me acompañan en este maravilloso viaje que es el emprendimiento digital y, sobre todo, a todas las personas que una vez creyeron en que yo podía vivir de lo que realmente me apasionaba.

Cuando realmente te das cuenta de las reglas del juego, y te enteras que no te las han contado como deberían, es ahí cuando tienes dos opciones; enfadarte y dejar la partida; o seguir jugando, pero esta vez, en igualdad de condiciones.

No sé si te has sentido alguna vez, que la gente sabe algo que tu no. Es como si sintieras que todo está manejado por alguien, como si viviéramos en el *show* de Truman, o como si fuésemos marionetas manejadas al antojo de alguien.

Sentir, que tu destino y tu vida no puede cambiar porque esa es la que te ha tocado, y encima, hay alguien que controla el lugar de cada persona.

Pues durante muchos años, yo he sentido eso. Pero siempre, he querido buscar más allá, ver qué se encontraba detrás de todo esto. Desde que tengo uso de razón, la tecnología y la digitalización han estado cerca de mí. Eso ha permitido que nos lleváramos relativamente bien, sin apenas conocernos.

Con el tiempo y, sobre todo, cuando empecé a emprender, es cuando he empezado a darme cuenta de las reglas del juego y, principalmente, del juego oculto de la digitalización.

Un juego, en el que muchos de los jugadores, ganan por puro azar, pero no por conocimiento y mucho menos siendo conscientes de lo que están haciendo.

Pero es curioso, porque dentro de este gran juego digital, hay diferentes juegos, donde cada uno elige dónde quedarse y, sobre todo, dónde invertir su tiempo y sus aprendizajes.

Piensa en un jugador de *Póker*. ¿Realmente el que gana ha tenido suerte? Seguramente para quien no es consciente 100 % del juego, sí. Habrá participantes que llevan años jugando al *Póker*, y no tengan ni idea del juego oculto que hay en él.

Pero hay otros jugadores que sí que han encontrado el juego oculto... y saben hacerlo muy bien para ganar cada una de las partidas. Pero también son astutos, y hay jugadas que deben perder para que el Casino no sospeche de su juego y le impidan el paso... Eso haría que no pudiera jugar más y seguir ganando dinero.

Pues con cada juego pasa exactamente lo mismo. Y es lo que te vengo a revelar en este libro. Cada parte oculta de cada uno de los juegos de la digitalización.

Con ello, quiero ayudarte a que puedas realmente conocer las reglas del juego, estar en igualdad de condiciones y, sobre todo, que tú mismo elijas tu propia estrategia para jugar el juego oculto de la digitalización.

Ahora estamos en un momento en el que la digitalización es crucial para nuestra vida, nuestro negocio y nuestro dinero.

Seguro que has oído miles de veces la frase de: "El tren se pasa, el tren no espera, no llegues tarde, sube ahora...".

Y eso, a veces, hace que te subas a cualquier tren, sin saber realmente su destino.

Por eso, es ahora el momento de que te revele la siguiente parada en la que debes de bajar, para coger el tren que realmente te llevará a ese sitio que te prometieron en algún momento.

También te digo, no culpes a nadie del tren al que te invitaron a subir, no va a servir de nada. Simplemente, bájate del tren y continúa por tu camino. Cada uno encontrará el suyo.

PRÓLOGO DE VÍCTOR MARTÍN

2020: un año que sin duda alguna la humanidad recordará por ser el año en el que se paró el mundo. Nadie podía prever el tremendo impacto que iba a tener en la sociedad todo lo que vivimos ese año negro. Todos nos vimos afectados, y en una cara de la moneda, miles de emprendedores y negocios sufrían las consecuencias de aquel colapso.

Los datos y los expertos venían avisando desde hacía tiempo de la importancia de digitalizar el trabajo y los ne-

gocios, pero hasta entonces, muchos habían mirado hacia otro lado como si la cosa no fuera con ellos. ¿Cómo iba a ocurrir algo tan devastador? Era un hecho que no cabía en la mente de nadie... pero ocurrió.

Siempre cuesta hacer un trabajo de autocrítica y reconocer que en caso de haber estado preparados en lo que a digitalización se refiere, seguramente el impacto negativo de aquel fatídico evento hubiese sido menor.

En la otra cara de la moneda (y por inverosímil que pueda parecer) miles de emprendedores y empresas que sí que se habían puesto las pilas a la hora de digitalizarse, veían como todo lo ocurrido no sólo no les afectaba, sino que además potenciaba sus negocios, batiendo récords de facturación.

Lamentablemente ha tenido que pasar algo muy gordo para que ahora sí se haya aprendido la lección: la digitalización no es el futuro, es el presente; ya no es una opción no hacerlo. Y sorprendentemente después de todo, sigue habiendo quien conoce la lección pero no aplica lo aprendido.

Cuando se habla de digitalización a más de uno se le cruzan los ojos y lo ven como un mundo aparte, como si de entrar en Matrix se tratase (o en el Metaverso), pero Ana Bastida ha hecho con este libro una guía completa que te ayudará a ver claro lo que a priori podría parecer un entramado complicado de descifrar.

A través de simples analogías con diferentes juegos vas a ver como todo es mucho más fácil de entender de lo que podrías pensar, y descubrirás la importancia de trabajar en los 3 pilares que para mí sostienen la fórmula para alcanzar el éxito como emprendedor: el carácter, las habilidades

y la mentalidad.

Después de leer este libro ya no habrá excusa que valga para no dar este importante paso y tener todo lo necesario para formar parte de una nueva generación de emprendedores, pero de ti depende aceptar el reto o seguir mirando hacia otro lado.

Estoy seguro de que ya estás en el camino, por eso estás leyendo esta obra. Así que ¡bravo! El mundo necesita más gente como tú, y de la mano de Ana no me cabe la menor duda de que lo conseguirás.

Víctor Martín

Autor del Bestseller “Desata tu Éxito”

LA OCA

Recuerdo aquel día… Eran las siete de la mañana, tenía cinco años, y me acababa de despertar. Fui corriendo al salón, y allí estaban tres regalos, uno por cada rey mago. Los fui abriendo uno a uno. Era todo lo que había pedido. Pero quedaba un paquete más. No reconocía su forma. No tenía idea de qué podía ser.

Allí estaba mi madre, animándome como cualquier madre para ver qué había en cada paquete, cuando obviamente, ella sabía lo que había. Cuando lo abrí, me encontré una caja con una oca. No entendía nada. Lo único que veía era

a mi madre emocionada diciendo: "¡Qué bonito!, el juego de la Oca". Imaginaros mi cara con cinco años, en los que todavía no eres capaz de disimular la decepción que te genera el abrir un regalo que no habías pedido y que ni siquiera sabes qué es, sintiéndome peor después de haber recibido una bicicleta y la casa de la Barbie.

No entendía en qué momento les pareció bien a los Reyes Magos traerme una Oca, pero allí estaba.

Mi madre, se fue corriendo a despertar a mi padre para jugar entre todos una partida mientras yo seguía sin entender qué hacía ese juego entre mis regalos.

Mi madre, entusiasmada, fue contándome cómo funcionaba el juego, y según iba jugando, cada vez me gustaba más. Yo no quería parar de jugar. Ese juego es adictivo cuando lo entiendes. Tiraba los dados con la esperanza de que me tocara un seis, cayera en una oca o en un puente para avanzar mucho más rápido por el tablero.

Gané cinco veces, no sé si por la suerte del principiante, o por estar igual o más de entusiasmada que mi madre cada vez que empezaba la partida.

De oca a oca y tiro porque me toca. ¿Habías escuchado alguna vez esta frase? Es la frase típica del juego. Seguramente, si no eres de España, no entiendas de qué juego estoy hablando. No te preocupes, ahora te lo cuento.

La oca, consiste en un juego de aproximadamente sesenta y tres casillas en las que debes ir avanzando en función al número que saques en los dados. Lo bueno, es que, dentro del tablero, tienes diferentes casillas en las que puedes avanzar a otras, ya que conectan entre ellas o incluso puedes perder hasta tres turnos si caes en el laberinto.

La esencia del juego de la Oca, son las conexiones entre las casillas. Tanto las ocas como el puente te hacen avanzar hacia otras casillas donde sin necesidad de tirar el dado, avanzas mucho más rápido. Y es que, de eso se trata la conexión.

Cuando somos pequeños, nadie nos habla de la conexión y de la importancia que tiene. Ni siquiera somos conscientes de cuándo estamos conectando con alguien o, incluso, con algo.

Pero la primera persona con la que conectas es con tu madre. Y no te hablo del nacimiento, te hablo en el momento de la concepción. En ese mismo instante tu primera conexión es ella. Y durante nueve meses será la unión más fuerte que tengas. Cuando hablo de la más fuerte, es porque también habrá otro tipo de conexiones: las voces externas, tu padre, abuelos, entorno de tu madre. Todo eso, son nexos hacia ti.

Todos estamos conectados. ¿Sabías que todo el mundo tenemos conexión con cualquier persona de la tierra hasta en seis grados?

Sé que es un poco enrevesada la pregunta, así que te voy a explicar a qué me refiero.

Cuando dibujas un árbol genealógico, cada rama es un grado. Por ejemplo; tú con tus padres tenéis una conexión directa. Eso sería un primer grado. Sin embargo, con tu tío tienes que hacer dos conexiones. Primero con tus padres y luego con sus hermanos, siendo tu tío, un familiar de segundo grado. Y así con cada miembro de la familia.

En el caso de las conexiones con las personas, es lo mismo. Supongamos que quieres conocer a Tony Robbins.

Pues dentro de tu entorno habrá una persona que conozcas (primera conexión) que tenga un amigo (segunda conexión), donde su primo (tercera conexión) conozca al amigo (cuarta conexión) de la madre (quinta conexión) de Tony Robbins (Sexta y última conexión).

Lo sé, es un poco complicado de materializar, pero eso es la explicación. Ten en cuenta que conocidos tenemos muchos, y eso al final, son conexiones. Y conocer a cualquier persona en la tierra hasta en 6 conexiones, no es difícil.

La digitalización es pura conexión. Gracias a ella, podemos unirnos en cualquier parte del mundo. Desde que existe la digitalización, somos capaces de conectar con millones de personas en un solo día. Y eso, solo es capaz de hacerlo la digitalización. Por eso genera tanta curiosidad, porque puedes llegar a todas las partes del mundo y a cualquier persona. Esta no deja de ser un medio de comunicación, y la comunicación es una conexión.

Antiguamente, cuando la gente empezó a tener teléfonos en sus casas y en las oficinas para llamar a alguien, había unas operadoras que se encargaban de conectar los cables correctos para que se estableciera la comunicación.

Con el tiempo, todas estas conexiones se hacían de manera automática, sin necesidad de que una persona estuviera detrás. Pero… ¿recuerdas cuándo empezó Internet? Ese cable de conexión que recorría la casa entera para poder enchufarlo al ordenador cada vez que querías estar en el ciberespacio. Donde el teléfono e internet de manera simultánea era incompatible. Y fijaros cómo estamos ahora. En pleno 2021, con *wifi*, sin necesidad de cables y con móviles que no se conectan a ninguna red físicamente.

Pues todo esto es la conexión. Y el juego de la Oca fue el primer juego que me hablaba de ello.

Te hablo de todo esto, porque en la digitalización no puede haber acción sin conexión. El primer contacto es precisamente a internet, pero una vez conectado, es cuando puedes interactuar con las personas. No serás capaz de vender tus servicios si no hay una conexión con la persona.

En el juego de la digitalización, estamos más pendientes de nosotros que de conectar. Es decir, prefieres que te vean, generar ingresos, incluso, crear tu propia venta, pero todo esto sin conexión, no sirve de nada.

Hace poco, en un juego, una chica defendía esa palabra diciendo: "Que cuando la conexión no está, las palabras son solo palabras, pero cuando está, las palabras sobran".

Esa frase lo dice todo para definir exactamente lo que es la conexión. Y es que de nada sirve que tengamos visibilidad si luego no eres capaz de conectar con las personas que te están viendo. ¿Para qué estás haciendo lo que haces? ¿Qué sentido tiene si cuando te ven o reaccionan a tus historias o te escriben, no conectas con ellas?

Y es que para mí, el juego oculto de la Oca en la digitalización es que quien conecte, será el ganador. He hecho cursos para aprender muchas acciones, tanto a nivel digital como de *mindset*, emprendimiento y dinero. De todos ellos, pocos te enseñan a conectar con las personas, generando una desconexión global y, por tanto, que cueste mucho más conectar con las personas, porque ya están prácticamente desconectadas.

La digitalización, es un medio que se ha convertido en algo frío. Veo a las personas cómo empiezan a tener un rechazo hacia ella por la falta de conexión, por el afán de vender sin conectar, por el hecho de tener un producto el cual te genere ingresos sin llegar a saber cómo es la persona que te ha comprado ese curso.

He tenido muchos mentores, y con todos ellos he conectado, dando igual el producto que compraba. Y eso me ha hecho saber la importancia de la conexión y sus resultados. Aun así, también veo mentores que no conectan con sus alumnos, que no se acercan, que no les importan, que no interactúan. Cada vez son más los mentores que no se preocupan por conectar con los alumnos, generando productos automatizados que les aleja de conocer a sus clientes y, por tanto, potenciales clientes de otros productos.

Uno de los motivos de escribir este libro, es precisamente este. Hacer consciente a las personas que quieren utilizar la digitalización, que no se olviden, que una de las cosas más, pero más importante para seguir creciendo, son las personas que nos compran o que quieren interactuar con nosotros.

Está genial la automatización de procesos, y que eso nos haga ganar dinero sin generar esfuerzo. Pero es que la digitalización no se creó para eso. Se formó para potenciar la conexión precisamente. Para que, si alguien compra tu producto, pueda conectar contigo de alguna forma, aunque sea para darte las gracias.

Y sí, soy consciente de que hay muchos profesionales que ayudan a miles de personas, y que es prácticamente imposible estar pendiente de todas ellas, lo entiendo. Pero creo que deberíamos de buscar las formas de hacer que la gente que nos compran se sienta conectados de alguna

forma con nosotros, por agradecimiento a su confianza, y, para poder seguir ayudándoles en su camino.

Si pensamos en grandes empresas, multinacionales, tienen un canal de postventa, para poder atender a sus clientes una vez han realizado la compra. Si realmente tienes una cantidad de alumnos o de clientes que no te permite atenderlos por ti mismo, puedes generar un servicio de atención al cliente para poder darles ese soporte, y así ellos se sienten igualmente atendidos.

Esto no se trata solo de oca a oca y tiro porque me toca, se trata de llegar hasta el final. De hacer que las personas lleguen al Jardín final de la Oca.

La conexión que se genera crea una ampliación de contactos, y es lo que se denomina *networking*.

La primera vez que oí esa palabra fue a Joanna Ferrero en un evento. Lo que no sabía, es que esa conexión que me generó subida en ese escenario, y posteriormente en la comida, haría que tres meses después se convirtiera en mi mentora y en un futuro… en mi amiga.

Fijaros en la importancia de la conexión. Cómo una persona que conozco en un evento, en la que vi encima de un escenario, donde su ponencia me generó un impacto, pudimos trabajar juntas, haciendo que esa conexión se transformará en amistad.

¡Pero ojo! Que esto no solo recae en la persona que está vendiendo, porque también los que compramos esas formaciones o cursos tenemos la responsabilidad de poder conectar con la persona. Y es que en el mundo de la conexión he visto de todo.

Hay personas que compran un curso y no hablan con nadie del grupo, ni con el mentor y tampoco terminan el curso.

Desde que empecé a emprender y contraté a mi primer mentor, me di cuenta, que detrás de todas esas inversiones que he ido realizando había cientos de conexiones ocultas. Y es que, cuando invertimos en un curso, mentor o servicio, estamos invirtiendo también en conexiones con muchas más personas.

Pero la conexión, no se está vendiendo como se debería. Y a esto me refiero con que cuando tú compras una mentoría grupal, no solo estás aprendiendo del contenido que te da el mentor, sino que también aprendes de tus compañeras a la vez que estás disfrutando de poder conectar con cada uno de ellos.

Sin embargo, las mentorías grupales, son más económicas que las individuales. Valoramos más que nos mentoricen directamente para mejorar nuestro negocio, que lo que nos puede generar las conexiones, donde en muchas ocasiones, pueden llegar a generar un mayor beneficio.

¿Has oído hablar de lo que es un *mastermind*? Antes de empezar a emprender, estuve averiguando sobre cómo entrar en uno que queda en España. Y no es tan sencillo como en Estados Unidos.

Un *mastermind*, es un grupo de personas con diferentes cualidades que se reúnen para poner cosas en común y poder, a través de la conexión del grupo, ayudarse unos a otros. Es decir, al final, una mentoría grupal, no es solo una mentoría, sino que también se puede llegar a convertir en un *mastermind*.

Cuando yo descubrí eso, me pareció muy potente. La traducción de *mastermind* es: máster de mentes. Imagínate estar en un grupo de personas que aportan cada uno lo suyo, de esta manera, se potencian entre todos. Es maravilloso. Y en España hay *mastermind*, pero apenas se conocen, o están relacionados con algún curso. Pero he de decirte que, los *mastermind*, los buenos *mastermind*, son de pago, y de pagos elevados, porque saben el valor que tiene. De esta forma, el acceso para gente, de entrada, tenga una conexión de inversión económica y de valores a la hora de invertir.

¿Piensas que conectaría de igual forma una persona que considera que invertir en un *mastermind* más de 100 € es caro, mientras que otra invierte 1000 € sin temblarle el pulso?

El dinero también es una forma de conectar. Con el dinero tú puedes conectar con las personas. De ti depende que no lo aproveches, como le pasa a la mayoría.

Normalmente, en un grupo, nos gusta destacar, ser los mejores y, por tanto, nos encanta estar rodeados de personas que nos dejan liderar, ser el cabeza del grupo y, sentirnos de esa forma más a gusto, haciendo lo que queremos en cada momento. Pero te diré algo que posiblemente te haga cambiar la mentalidad a la hora de buscar gente con la que rodearte.

Si del grupo eres el mejor y el más listo, nunca aprenderás nada. Tienes que estar en un grupo donde tú seas el más tonto, porque de esa forma realmente, es donde más aprenderás.

En el emprendimiento, a veces las personas se sienten mal por estar en un grupo que no consideran que destaquen, sintiéndose inferiores y, por tanto, apartándose más y más de ese grupo.

Nos enseñan desde pequeños a ser los números uno, porque es el que obtiene el premio, el que se lleva las miradas y, por consiguiente, el protagonista. Pero no nos damos cuenta que, teniendo un papel secundario aprendemos mucho más, por esta razón, los ingresos se equiparan a la de esas personas que consideramos mucho más válidos o valiosas que a nosotros mismos.

El día que sientas que eres el más tonto del grupo, entonces, estarás en el lugar correcto. Solo tendrás que sacar tus armas de conexión para conectar con ellos y absorber cada uno de los aprendizajes que hayan tenido.

El juego de la Oca, puede ser el tablero de conexión en el juego que decidas. En la vida, en tu emprendimiento, en tu pareja, donde quieras.

Cuando comienzas el juego, vas paso a paso, sin saber muy bien si conseguirás llegar al final de forma exitosa. Es un momento en el que te vienen todos tus miedos. No te preocupes si tus temores aparecen, porque la incertidumbre de no saber lo que va a pasar nos genera ese sentimiento y es normal.

Para caer en la casilla de conexión de la Oca, los dados deben sacar el número de casillas que te falten por llegar. En caso de no sacar esa cifra, no caerás en la casilla de conexión y, por tanto, el camino hacia la meta será mucho más largo.

Una de las cosas más importantes de la conexión, es el hecho de poder llegar antes a nuestro destino. Quien va solo por el camino puede conseguir las cosas, por supuesto, pero de forma mucho más lenta o incluso, no conseguirlo.

En ocasiones, dejamos de conectar con personas por miedo. Miedo a qué pensará si le saludo, no le quiero molestar y, por tanto, dejamos de accionar. Te voy a decir el juego oculto en todo esto. La conexión, no se trata de ti, se trata de las personas que hay detrás de todo. Estamos siempre pendientes de nosotros, pero de una forma que no nos ayuda precisamente y tampoco nos potencia, haciendo muy difícil el hecho de conectar. Ese ego que nos envuelve en nosotros mismos, no nos deja ver más allá de lo que podemos SER realmente, siendo esta la clave del estancamiento.

El día que sueltes el ego y consigas ver lo que hay detrás, conseguirás conectar con las personas, con tus mentores y con quien tú quieras. Y, para eso, tienes que dejar de pensar en ti. Con esto no me refiero a que dejes de cuidarte, no tiene nada que ver. Tú siempre tienes que ser la persona más importante, pero, aunque no lo creas, el ego se encarga precisamente de que seas la última.

Y todo esto afecta en cualquier área de tu vida, pero, sobre todo, en la parte digital, puesto que recibimos menos información de la persona que en presencial.

Cuando pones de por medio un ordenador o un móvil, hay mucha comunicación que se pierde por el camino. Por eso, tenemos que aprender a conectar en la parte digital. Y ese juego oculto, lo enseñan muy pocas personas.

Quiero que pienses en todas esas personas con las que no has conectado por miedo o porque no te han generado interés. Quiero que te imagines, cómo sería tu vida si hubieras conectado con cada una de esas personas, si hubieras roto esos miedos, si hubieras hablado a pesar de que no te generaron interés. ¿Crees que seguiría siendo igual?

Ahora, te animo a que hagas una lista con esas personas con las que realmente quieres conectar y les mandes un mensaje. Estoy segura, de que te sorprenderá el resultado. No pienses en ti, piensa en ellos y verás cómo de esa forma conectarás con muchas más personas de las que habías llegado a pensar.

Pero también, sé consciente de que no todo el mundo conoce el juego oculto. De cada uno de nosotros depende desvelarlo o no, pero si lo hacemos, seremos cada vez más los que podemos conectar. Por eso piensa que cada vez que no conectas con una persona, estás haciendo el juego aún más oculto. ¿Por qué seguir ocultando algo que te va a hacer bien a ti y a muchas personas?

No somos conscientes de a cuántas personas impactamos de forma diaria. El hecho de no hacer nada, es una forma de afectar al entorno. Deja de impactar igual que todo el mundo. Empieza haciéndolo desde la conexión y, verás cómo todo cobra un sentido muy distinto.

Tira los dados con fuerza, ve de oca a oca y tira porque te toca. Y sino. También puedes ir de puente a puente, y tiras, porque te lleva la corriente. Conecta con las personas con las que estás presente y, conecta con las que no lo están cuando estés solo.

No te encierres en el laberinto, perdiendo turnos mientras otros siguen avanzando. No te estanques. El juego oculto de la oca, ya lo has descubierto. ¿Te vas a quedar ahí sin hacer nada?

La verdadera conexión es sentirnos en la primera conversación como en casa. Todo lo que surja de esa conexión será bueno si nos permitimos ser quienes realmente somos.

El Twister

Las órdenes eran claras: “pie derecho en color amarillo y mano izquierda en color azul.” En ese momento, me desestabilicé, perdiendo el control de mi cuerpo y caí encima del resto de jugadores. Me quise morir, aunque en realidad empecé a reír, haciendo que el resto de los jugadores entrarán en carcajadas junto a mí.

Intenté explicarles que no tenía posibilidad de poner mis manos si no era cruzándolos, y mi hombro en ese momento, parecía una centrifugadora en nivel máximo. Lo que precipitó mi caída.

No sé si has jugado alguna vez al Twister, pero es un entretenimiento que se juega con el cuerpo, donde según te van diciendo, vas poniendo una parte del cuerpo en el color que te dice la ruleta. Al principio es algo sencillo porque vas poco a poco, pero en cuanto se mete otro jugador, es cuando se complica la cosa.

Y es que, para jugar al Twister, tienes que tener claro que vas a caer, porque si no caes tú, caerás porque el otro jugador cae encima de ti, pero todos terminan siempre cayendo.

Este es el juego preferido de los emprendedores en la parte digital. Empezar a montar su negocio por partes. La *landing page* por un sitio, la recopilación de correos por otro, el carrito de la compra en un lugar totalmente diferente, luego el dominio en otro sitio.

Y cuando nos queremos dar cuenta, tenemos un Frankenstein digital por el que estamos pagando un dineral mes a mes con tantas cuotas de nueve euros al mes o más.

¿Sabes por qué ocurre esto? Porque es mucho más sencillo invertir tan solo nueve euros al mes, que plantearte invertir dos mil euros en una *web*. Tenemos como cultura el pensamiento que pagamos nueve euros, por un lado, doce euros por otro, noventa y siete euros con un programa que nos ayuda con plantillas para nuestro funnel, estamos pagando mucho menos.

El hecho de pagar en pequeñas cuotas hace que pagues más y que financies a muy alto coste una *web* por pedazos. Si dejamos de lado los costes, que son importantes para generar beneficios en una empresa y nos centramos en los riesgos, el depender de tantas plataformas aumenta la posibilidad de que una falle y no puedas continuar con tu negocio.

No sería la primera vez que WhatsApp deja de funcionar, o que Instagram y Facebook no te dejan ni siquiera entrar por fallos en los servidores, cambios en el sistema o problemas técnicos. ¿Por qué no podría dejar de funcionar cualquiera de estas plataformas?

Estamos acostumbrados a que en la parte digital nada sea de nuestra propiedad. Todo nuestro contenido lo tenemos en ficheros que, si un día desaparecen, dejamos de tenerlos en nuestro poder.

¿Te imaginas tener un local, donde la entrada sea por el local de al lado, el mostrador está en el local de enfrente, y los productos afuera en la calle? Todo por no tener un local propio. O mejor, imagínate tener tu cama en la cocina, el escritorio en el salón y la puerta en el trastero. Pensarás que es una locura tener un local o nuestra propia habitación de esa forma. ¿Y por qué no pensamos que sea una locura en la parte digital?

Te quiero contar el juego oculto que hay detrás de todo esto. Recuerda, que al final, todo es un juego, y cada jugador, juega su partida lo mejor que sabe.

La mayoría de los emprendedores empiezan a emprender en la parte digital desde la escasez. Es decir, pensando cómo pueden emprender con los menos recursos económicos posibles. Aquí es cuando las redes sociales cobran sentido para muchas personas.

Creemos que con las redes sociales es suficiente para poder vender nuestros productos o servicios. Aun así, hay algo que tienes que tener en cuenta, y es que no estás solo en las redes sociales. También hay profesionales que están vendiendo sus productos y servicios a través de ellas.

Cuando comienzas en las redes sociales, empiezas a observar cómo otros tienen esos perfiles tan bonitos, tan bien ordenados y con colores que te llaman la atención. No te centras en su contenido, solo observas los *feed*, es decir, donde están todas las publicaciones de la persona, y ves que tiene una imagen con armonía.

Ahí empiezas a desear tener un perfil similar. El hecho de que estés mirando diferentes perfiles, y todos tengan un *feed* similar, le da información a esa red social, para que creas que te pueda interesar alguno de los productos o servicios que uno de sus usuarios como tú, están vendiendo a través de la publicidad. Una vez que la red social ha detectado tus intereses aparece un anuncio que te dice, "¿Has soñado con tener un perfil como este? Y tú lo ves, y te encanta. Por tanto, decides comprar ese *pack* de plantillas que te ayudarán a tener el perfil en tu red social como los que has estado admirando.

Ahora que ya tienes las plantillas, te surge la siguiente pregunta: "¿cómo las utilizo?". Empiezas a buscar y encuentras diferentes programas que te ayudan a editar esas plantillas. Y bueno, aunque no eres muy *crack* con las herramientas digitales, tú ahí, lo intentas, hasta que más o menos cobra una apariencia que te gusta. Pero las ventas… siguen sin llegar.

De repente, vas a un *webinar* y, ¡*wow*!, te encanta cómo lo tiene todo preparado. Es todo tan perfecto. Y encima te dicen que te van a enseñar a hacerlo. Fantástico, ¿no? Justo lo que necesitabas. Bueno… o eso crees en ese momento.

Así que compras un curso donde te enseñan a vender tus productos y servicios. Pero claro, has invertido un dinero importante en el curso, y para poder aplicarlo, necesitas

herramientas que no tienes. Así que te toca elegir, entre tener una *web* donde poder controlarlo todo o, comprar un programa que te permite poder hacer una *landing page*, es decir, esa página de aterrizaje donde la gente se suscribe para que puedan acceder a lo que estás ofreciendo. Y bueno, el programa que te recomiendan tiene una cuota de doce euros al mes. ¿Un programa con un montón de plantillas para hacer *landing page* por tan solo doce euros? Pues perfecto, total, doce euros al mes, ¿qué es? Nada.

Accedes al programa, y empiezas a enterarte y aprender cómo funciona. Te das cuenta que el programa tiene un montón de funciones que ni controlas ni sabes qué significan. Así que más o menos te las apañas, sin llegar a sacarle todo el partido que podrías por esos doce euros al mes.

Tu negocio va cobrando forma, y tú te sientes con orgullo de estar construyendo todo lo que tu negocio necesita en un terreno que, hasta hace poco, apenas sabía cómo funcionaba.

Pero... las ventas, siguen sin llegar. ¿Qué está pasando? ¿Por qué no estoy vendiendo?

Tranquilo, hay un programa que te ayuda a poder potenciar tus ventas a través de e*mail marketing*. Es un programa que te automatiza cada mensaje, envía una consecución de e-*mails*, y lo mejor, a través de un sistema infalible para conseguir que tus potenciales clientes te compren.

"Claro, eso era lo que me faltaba". Así que lo compras de nuevo. Una nueva suscripción, donde esta vez, no son doce euros, esta vez son quince euros, pero ¡bah!, qué son quince al mes. Con todo lo que voy a conseguir, es chatarra.

Repetimos el ciclo una y otra vez. En cada oportunidad que comprabas algo, tenías que entender el funcionamiento de esta nueva herramienta, sin llegar a entender la plataforma al completo, dándole un uso básico para poder accionar de la manera más sencilla que te parecía. De esta forma, por lo menos le sacabas un mínimo partido. Aun así, ninguna de ellas te dio el resultado que buscabas. Eso te hacía pensar que siempre faltaba algo.

En el momento que te quieres dar cuenta, estás invirtiendo más de 200 € en herramientas que no controlas, que te desesperas, invirtiendo un tiempo enorme en algo que no te gusta, y alejándote del motivo que te hizo emprender un día.

El hecho de empezar poco a poco, puede hacer de tu emprendimiento un verdadero Twister digital del que te va a ser difícil de salir. ¿Sabes por qué? Porque el dinero que podrías haber invertido en una *web*, has ido invirtiéndolo en herramientas. Pero, además del dinero, has invertido un tiempo para aprender cada una de esas herramientas. Si hubieras invertido ese tiempo en hacer lo que realmente sabías realizar, podrías haber generado los ingresos para que una persona experta pudiera trabajar en todo aquello que tú desconocías y, de esa forma, dedicarte 100 % a tus clientes.

Llegas a tener tantas herramientas, que no eres consciente de lo que estás pagando mensualmente por todas ellas. Sin embargo, cuando empiezas a comprarlas, todo parece poco. Pero lo peor de todo, es que nunca llegas a manejarlas, así que pierdes el tiempo que es tan valioso en poder controlarlas, desenfocándote de tus clientes.

El juego oculto del Twister, es hacernos creer que necesitamos todo eso para vender, para poder crecer y cumplir nuestros objetivos, ¿sí los tienes claro?

Todas esas herramientas, consiguen desenfocarte de manera precisa de lo que realmente sabes hacer bien, y por lo que empezaste a emprender.

Finalmente te frustras, y piensas que la digitalización no está hecha para ti, dejando de emprender o dando marcha atrás para continuar tu vida como la tenías antes de pensar que podías llegar a conseguir algo en el emprendimiento digital.

Lo importante en este juego, es que nunca pienses que el problema es tuyo. Las herramientas están hechas para ayudar, y si no es así, es que la herramienta no está hecha para ti. No, al contrario.

Pero siempre pensamos que somos nosotros los que no valemos, los que no estamos hechos para esta era, los que no nos adaptaremos.

En el momento que te tambalees, las posibilidades de caída son muy fuertes. Por eso es importante que controlemos este juego, porque si no, terminaremos cayendo.

Todas estas herramientas las utilizo de forma diaria, pero porque me simplifican a nivel profesional muchas veces. Cuando diriges diferentes negocios digitales, estas herramientas te ayudan a gestionarlo para poder ayudar a tus clientes sin necesidad de estar dependiendo de ellos para todos los accesos. De igual manera, en mi propia cuenta puedo gestionar el negocio de otros clientes, conectándolo muchas veces a su propia *web*. Pero porque las herramientas, en mi caso, me ayudan y las controlo. Al final son parte de mi trabajo.

"Pero, entonces, Ana, ¿qué nos recomiendas para empezar cuando tenemos poco presupuesto?". Uno de los problemas más comunes es emprender con mentalidad de escasez, porque, aunque no lo creamos, el dinero es energía. Y si yo empiezo un proyecto en el que quiero grandes resultados, pero estoy accionando de poco a poco, no estamos haciendo que la energía vuelva de la misma forma.

Imagínate que tienes que tirar una ruleta. Y que cuantas más vueltas des, más dinero ganas. Si tiramos de poco en poco, no vamos a dar ni una vuelta. Por tanto, tardaremos mucho en dar la primera vuelta y ganar la primera recompensa. Para poder conseguir una gran recompensa, tenemos que tirar la ruleta con la mayor fuerza que tenemos para que gire lo máximo que dé, y así ganar la mayor cantidad de dinero posible.

Pues ahora, imagina que esa ruleta es tu emprendimiento, y la tirada es la inversión que hacemos en nuestro negocio. Cuando vamos de poco a poco, tardamos mucho más en obtener resultados. ¿Lo puedes visualizar? Seguro que estarás pensando:

"Claro, Ana, pero ¿no puedo emprender si no tengo un dinero para tirar fuerte la ruleta?".

Sí, nadie te dirá lo contrario. Pero es cierto que, sin dinero, el camino puede hacerse más largo. Es por ello que comento la importancia a través de las tiradas. Si decides emprender sin invertir apenas, las tiradas serán más flojas, y posiblemente tardes más en conseguir dar la primera vuelta. Pero si, por el contrario, decides invertir, estarías tirando con más fuerza y, por tanto, la primera vuelta sería mucho más sencilla. A veces podemos esperar y ahorrar para poder tener el dinero necesario para invertirlo en aquello que nos haga tirar más fuerte la ruleta. ¿Podrías correr una maratón cuando nunca has entrenado para

correr? Como poder, seguro que puedes. Pero también es muy probable que no ganes, y luego, que llegues mucho después que el resto de los participantes, llegues sin fuerzas y con mucha flojera. Eso mismo nos pasa en el emprendimiento. Tenemos claro lo que queremos lograr, y está genial decir: "Si yo puedo, tú puedes". Al empezar, todos iniciamos con fuerza, y podemos tirar la ruleta con la misma fuerza, pero con el tiempo, el hecho de no invertir, y querer hacerlo todo solo, hace que te sientas agotado en el camino. Como se suele decir: "No es cómo empiezas, sino cómo acabas".

Si yo no me caigo al Twister, es porque sé dónde tengo que poner el pie. Porque me adelanté a las jugadas, porque, aunque haya más jugadores en la alfombra, calculo la mejor posición para que mi cuerpo resista quedándose de pie.

En todos los años que llevo emprendiendo, hay algo de lo que me he dado cuenta, y es que, cuando inviertes dinero en tu proyecto, termina volviendo. Yo he invertido miles de euros para poder estar donde estoy, para poder saber lo que sé y, sobre todo, para poder transmitir mis conocimientos a otros o directamente, construirles su universo mientras les potencio en su proyecto.

Y fíjate qué curioso; cuando empezamos el colegio, estamos deseando llegar a sexto para empezar el instituto. Cuando empezamos el instituto, estamos deseando terminar bachillerato para empezar la universidad. Cuando empezamos la universidad, estamos deseando terminar la carrera para empezar a trabajar. ¿Y sabéis qué ocurre en la mayoría de los casos? Que salimos acojonados. No tenemos ni idea de lo que es trabajar, del mundo que nos espera. Nos han ido motivando para pensar que todo se trata de finalizar lo que empezamos, que iniciamos las cosas como una carrera de fondos, para ver quién termina antes, y no se trata de terminar antes, sino de disfrutar de cada fase en la que te encuentres y, sobre todo, tener una cosa clara.

Nunca llegará la fase en que lo sepas todo. Así que si piensas querer terminar un curso para poder accionar o, para cumplir lo que tienes en tu cabeza, déjame decirte que esa no es la mentalidad que te va a ayudar a conseguirlo. La verdadera mentalidad que te hará llegar a donde quieras es la de aprender y accionar, pero sabiendo que siempre vas a tener que seguir aprendiendo. Quien se estanque, es quien dejará de avanzar. Y si cada vez que nos apuntamos a un curso esperamos a terminarlo para accionar, no estamos entendiendo el juego oculto de la digitalización.

Todo cambia, pero la digitalización más. Y seguramente cuando hayamos terminado un curso, las reglas del juego ya han cambiado. Pero hay algo que siempre va a permanecer. Y es ahí donde deberás estar siempre. Las personas necesitamos ayuda, necesitamos ser ayudados. De esta manera, nos comprarán aquellos que realmente sientan que les podemos ayudar. Independientemente de las herramientas y cómo tengamos construido nuestro negocio.

Si quieres empezar sin apenas tener dinero, mi consejo es que comiences con quienes ya te conocen. Tenemos fijación por ofrecer nuestros servicios a las personas que no nos conocen, que no tienen confianza en nosotros, haciendo el camino mucho más largo.

Si queremos empezar, seguro que hay gente en tu entorno a la que puedes ayudar, y con la que puedes comenzar a facturar. Con eso que vayas facturando, podrás ir creando

ese universo digital que tanto deseas, para entonces, poder empezar a despegar y llegar a mucha más gente.

Necesito que tengas en cuenta una cosa. Las herramientas, las *landing page*, los medios de pago, etc., no van a generar confianza en los que no te conocen. Les generará más confianza ver a personas transformadas por el producto que a los servicios que ofrecen.

Recuerda, no se trata de ser el primero en apoyar el pie, sino el último en caer. Mientras no te caigas, nunca habrás perdido, nunca habrás fallado. En el juego oculto del Twister, lo más importante es ir fijándote en los colores libres donde te toque poner la mano o el pie, avanzándote al siguiente posible movimiento.

Tenemos que estar cómodos en el juego, porque cuando dejamos de estarlo, es cuando empezamos a tambalearnos. No tengas miedo de jugar, se trata de aprender jugando, pero jugando a tu propio juego. No al juego en el que otros se sienten cómodos, sino al juego en el que tú sientas que tienes muchas opciones de ganar y, por tanto, de jugar dentro de la comodidad.

TETRIS

Ya solo el cerebro lo tenemos colocado como un Tetris. Tal cual. Es más, diría que el cuerpo entero es un Tetris. Y claro, cuando ya de naturaleza somos un Tetris, qué esperas de nuestra vida, pues que todo sea como un Tetris.

Hay gente que realmente tiene un máster en el Tetris. Es ver sus trasteros, y ver que no cabe ni una aguja más en ese trastero. Está todo medido. En general, nos encanta tener las cosas colocadas, como en el Tetris, que encaje cada pieza en su sitio.

Hasta en las parejas queremos que todo encaje, ya que, si no, consideramos que no es la pareja perfecta.

Pero no he venido a hablar de parejas, sino del juego oculto que esconde el Tetris.

Como comentaba al principio, estamos acostumbrados a jugar diariamente a este juego, y es que, cuando nos vamos de vacaciones y tenemos hijos, os aseguro que meterlo todo en el coche se convierte en un juego de Tetris para expertos. Y ya no te quiero contar si tienes un coche pequeño.

El Tetris es un juego muy antiguo, posiblemente de los primeros juegos que se inventaron para la *game boy*, o las máquinas tragaperras.

El juego consiste en tener que ir encajando las diferentes piezas que te van llegando, para hacerlas que cuadren perfectamente y, conseguir completar filas llenas de bloques para hacerlas desaparecer y, por tanto, que bajen el resto de las piezas para no finalizar con una pantalla llena de ellas sin saber muy bien dónde colocar la siguiente.

El primer nivel es sencillo, las piezas bajan a velocidad de tortuga. Por lo que te da tiempo a pensar dónde colocar esa pieza. El problema viene cuando la velocidad empieza a aumentar, ahí tienes que ser muy rápido para poder colocar la pieza donde encaje y hacer que vaya reduciéndose el campo de bloques.

Es un juego, 100 % digital, así que, no podía menos que tener su similitud con el emprendimiento *online*.

Y es que, cuando emprendemos *online*, muchas veces lo hacemos para tener más tiempo. Al trabajar de forma *online*, no tienes que invertir tiempo en ir a trabajar, tampoco

en las tareas que te implican abrir el local, cerrarlo, hacer cierre de caja. Tareas que en un trabajo físico te requieren un poco más de tiempo.

Pensar eso, y hacerlo, son cosas totalmente diferentes, porque os aseguro, que conozco a muy pocos emprendedores que no trabajen más de forma *online* que en un espacio físico.

Precisamente, al ser en línea… en cualquier momento te puedes poner a hacer cosas, y al final, todo vale, cualquier hora es buena, y la organización y la productividad se dejan muy de lado.

Trabajar en el mundo *online* y ser productivo de verdad, es bastante complicado. Al final, es tu negocio y el hecho de sentirnos libres para organizar nuestro tiempo, hace que ni nos organicemos ni tampoco seamos libres, porque estamos pegados horas y horas a la pantalla, muchas veces, sin hacer nada… simplemente dar vueltas a las cosas, como si piezas de Tetris se tratara.

Al construir un negocio físico, tienes unas horas en las que abres al público. Está todo como mucho más organizado. Llega la hora de cerrar, y te vas. Pero en el emprendimiento *online*, no hay cierre ni apertura, por lo que todo vale.

La falta de foco y organización es uno de los problemas más grandes que existe en el mundo en línea. Podemos tener sesiones, podemos tener cursos, pero cuando se trata de nuestro propio negocio… se nos van las horas. Ya sea para organizar las cosas que queremos hacer o realizar trabajos para otras personas, hace que nos tiremos horas, que no nos organicemos bien y, sobre todo, al estar en casa, muchas veces, y ser padres, influye que el emprendimiento se haga más complicado, si cabe.

Hace unos años estuve en un evento de emprendimiento, de esos a los que podías ir sin mascarilla, así que fue hace un par de años por lo menos. Me sorprendió, sobre todo, la ponencia de un chico que hablaba sobre neuroproductividad. Es decir, era como un estudio para saber cuándo eres más productivo y, por tanto, aprovechar esas horas.

Si eres mujer… olvídalo… lo nuestro se complica con el periodo menstrual. Es decir, si ya de por sí hay que tener en cuenta las horas en las que eres más productivo, en nuestro caso, tenemos que analizar qué semana somos más productiva, si la de premenstruación, la de ovulación, la de menstruación o la de preovulación.

Claro, la naturaleza manda… En fin. Pero me pareció muy interesante, porque, sobre todo, venía de mucho más atrás. Es decir, esas horas en las que, normalmente, hay gente que es muy productiva por la noche, se establece cierta relación con la hora de nacimiento. Es decir que, si naciste por la noche, muy probablemente serás de los que son productivos a partir de las diez de la noche.

Son personas que les cuesta dormir, es decir, su mente es como si acabara de despertar, si tuviera su actividad máxima a altas horas de la noche. Son los que suelen despertarse con ideas a las cuatro de la mañana, es su naturaleza…

¡Menos mal que nací a las tres de la tarde!

Pero fíjate que sí hay cosas ocultas y, sobre todo, cuando hablamos de la mente. Se dice que solo utilizamos el diez por ciento de nuestro cerebro, es decir, el resto está en el subconsciente. De ahí que se trabaje y se estudie tanto para conocer esa parte no visible. El subconsciente.

¿Sabes por qué pierdes tanto el tiempo, y más si eres emprendedor? Porque no tienes un procedimiento marcado, todo es libre. No tienes unas tareas, y muchas veces, tienes tanto qué hacer, que se te hace un mundo, y no sabes por dónde empezar. Por lo que empiezas a posponer, y cada vez, se te acumulan más y más cosas volviendo todo un caos.

Cuando tienes un plan, una estrategia y todo marcado, solo tienes que seguirlo paso a paso hasta llegar al final. De esta manera, habrás logrado tus objetivos del día.

Es como cuando decides hacer el camino de Santiago. No me imagino queriendo llegar a Santiago si no hubiera flechas por el camino. Es más, hay ocasiones en el camino, sobre todo cuando estás distraído, que seguías por un camino que no era. Era importante estar alerta y atento a las flechas, y si pasabas mucho tiempo sin ver flechas, era una alerta de que esa no era la vía correcta, ya que todo lo que realizas de más de forma errónea, tendrías que hacerlo de vuelta, y es tiempo que habrías perdido sin ir por el camino que deberías de haber estado.

Con la productividad, pasa lo mismo. Intentamos apuntarnos cosas, y organizarnos con una agenda. Aquellas tareas que haces para tu negocio, al no haber nadie detrás ni a nuestro lado, hace que muchas de las tareas se nos hagan más cuesta arriba. La razón principal es porque no nos gusta, simplemente las hacemos porque alguien nos ha dicho que tenemos que hacerlo para que nuestro negocio vaya bien.

Te voy a recomendar algo que ayuda bastante para cuando no sabemos ni por dónde empezar. Eisenhower, creó una matriz para ayudar a realizar aquellas tareas que más importancia y urgencia tienen.

Para ello, tienes que hacer cuatro cuadrados. En el primer cuadrante pondrás urgente e importante. En el segundo Urgente pero no importante. En el tercero, importante, pero no urgente y, por último, ni urgente ni importante.

	IMPORTANTE	NO IMPORTANTE
URGENTE	1	3
NO URGENTE	2	4

Eso nos ayudará mucho a clasificar las tareas y ponernos con aquellas que sean más importantes y urgentes.

La clave de esta matriz es diferenciar qué es importante de lo que no lo es. Me he encontrado matrices donde se reflejaba que estaba todo en importante y urgente. Aquellas cosas que son importantes son las cosas que solo tú puedes hacer. Esas son importantes. "Ana, pero es que todo lo que tengo, solo lo puedo hacer yo". Error, si pensamos que todo lo que tenemos solo lo podemos hacer nosotros, entonces, no nos vamos a organizar nunca. Ya no es que se trate de delegar o no, es de dónde queremos poner la poca o mucha energía que tenemos.

Una vez me dijeron algo que he comprobado pudiendo darlo por efectivo. Aquello que hagas porque te gusta y te apasiona, te da energía. Sin embargo, todo aquello que hagas que no te gusta, te la quitará. Así que mejor invertir nuestra energía en tareas que nos den más energía, que no en aquellas que nos las quitan.

Aunque no tengamos equipo, no significa que tengamos que hacerlo todo. Es importante tener en cuenta la criticidad de las tareas. No todas las tareas son igual de importantes, aunque así lo pensemos.

No saber diferenciar la criticidad de las tareas de un proyecto, es muy habitual. Es lo que precisamente hace que no tengamos claridad en la organización de lo que hacemos. Al considerar todo de vital importancia en nuestro proyecto, es el mayor desenfoque para hacer realmente lo que nos ayudará a potenciar nuestro negocio.

Dicho esto, pon en el primer cuadrante, aquellas tareas que te apasione hacer y que corren más prisa. "Vale, Ana, odio hacer los impuestos, no los soporto, pierdo mucho tiempo con ello, pero hoy es el último día para presentarlo, ¿no tendría que ponerlo en el primer cuadrante?".

Bien, un ejemplo claro para ver qué hacer en estos casos. Mira que nos gusta complicarnos en hacer cosas, que obviamente detestamos, pero que claro, la urgencia apremia y, por tanto, tenemos que hacerlas sí o sí. En este caso, te voy a ser muy franca... si fueras a morir mañana, ¿perderías tiempo en hacer los impuestos o contratarías a alguien para que los hiciera? La primera respuesta sé que es la de: "si me voy a morir mañana, ¿para qué voy a hacer los impuestos?". Piensa que, aunque mueras mañana, los impuestos seguirían existiendo para las personas que se quedan, es decir, para tus herederos. Así que seguramente, no perderías el tiempo en hacer esos impuestos, pero sí que contratarías a alguien que fuera experto en la materia, para que, además de no tener que invertir tú el tiempo en hacerlos, esa persona gestionaría de manera segura lo que tú haces de forma básica y sin conocimientos.

Mientras que esa persona está haciendo tus impuestos, tú puedes estar invirtiendo esa energía en cosas que realmente te den más energía para hacer el máximo número de tareas. De eso se trata. De tener la mente productiva en todo momento, disfrutando de lo que estamos haciendo.

Y en caso de que no puedas poner solución o delegar una tarea que es para ya, hazla, pero recuerda delegarla para futuras ocasiones, sino siempre estarás en la misma rueda de hámster que no te permitirá tener el tiempo que quieres.

Piensa que cada tarea que tienes es una pieza en el Tetris. Cada tarea debe encajar perfectamente. Si pones las piezas más pequeñas abajo o donde solo un cuadrado abarque la base, harás que se vayan bloqueando las piezas, haciendo mucho más difícil el encaje.

El juego oculto del Tetris se encuentra en intentar abarcar la máxima base posible, para dejar aquel hueco que haga que se complete la fila y desaparezca. Es decir, tenemos que intentar poner la base de la pieza más larga, para así hacer que vaya a la base y completarla lo antes posible.

Pero claro, cuando estás en el juego nos interesa ir colocando poco a poco las piezas, haciendo que quede todo de forma, que a nuestra vista le sea una visión limpia y organizada.

Por eso, empezamos a apilar las piezas a la derecha, y si podemos hacerlas cuadrados, mejor, porque así nuestra mente rígida entiende que está todo en su sitio.

En la productividad digital pasa exactamente lo mismo. De todas las tareas que tenemos, terminamos cogiendo siempre las urgentes, pero no importantes. Lo que hace que nuestra energía se vacíe y, por tanto, no tengamos ganas

de hacer nada para nuestro proyecto, ya que hemos gastado nuestra energía en tareas que no nos motivan y nos restan toda la energía.

Por no hablar de las piezas sorpresas. Esas piezas, que no te esperas y que caen a gran velocidad sin tener tiempo de analizarlo. Vamos, lo que vienen siendo los imprevistos.

Tenemos esa pequeña costumbre de ponernos tareas a todas las horas del día, dando por hecho, que no van a haber imprevistos... y, por tanto, cuando los hay, no tienes tiempo de reacción, no lo tienes planificado, por ello, te pillan por sorpresa, te descuadran todo el *planing* y, a partir de ahí, pieza a pieza se van amontonando hasta que pierdes la partida.

Si nosotros dejamos huecos para posibles imprevistos, podremos estar más alerta y, por tanto, cuando llegue esa pieza sorpresa, tener claro el hueco donde irá, el cual, ya habíamos preparado con anterioridad.

El secreto está en escoger las tareas correctas para ir haciendo el Tetris en nuestra planificación. Si las tareas que nos gustan nos dan energía, son las primeras que debemos poner, para seguir manteniéndonos en el juego. De esa forma, tendremos más energía para seguir haciendo el resto de las tareas. Pero si lo ordenamos de forma contraria, donde nos quitamos aquellas tareas que menos nos gustan o con las que menos disfrutamos, cuando llegue el momento de hacer las tareas que realmente nos gustan, no tendremos la energía suficiente para llevarlas a cabo.

El tiempo es lo más valioso que tenemos, y lo estamos perdiendo diariamente en cosas que no somos ni conscientes.

Pasan los días, las semanas, los meses y los años, y lo mucho que soltamos por la boca es: "Jolín, qué rápido pasa el tiempo". Pero ¿y lo has aprovechado? Realmente sientes que estás haciendo lo que quieres en cada momento.

Hay algo que he aprendido este año y que te quiero contar. El tiempo, es lo que más tienes que valorar de todo, porque al final, cuando antepones tu tiempo para ayudar a otros, estás regalando algo que no te lo van a poder devolver.

Estamos malacostumbrados a que como es colega, le hago el favor, como es de la familia, no le voy a cobrar. ¿Pero acaso ellos estarán en tu funeral para devolverte el tiempo que les has dado y, por tanto, devolverte a la vida?

No se es mejor persona por dar tu tiempo a otros que creas que lo puedan necesitar. Se es mejor persona, cuando aun siendo de la familia les cobras al igual que a personas que no te conocen. Es así como realmente demuestras que tu tiempo está por encima de cualquier cosa, realmente sabes que ayudarás de igual forma a un familiar que a un cliente desconocido, porque sabes que detrás de una transacción económica, hay una primera transformación. Las personas que invierten en ellos mismos, están mucho más implicadas que los que no lo hacen. Y esto es porque somos nosotros los que le restamos el valor a lo que hacemos.

Lo mejor de todo, es que cuando facturas dinero, te da la posibilidad de hacer crecer tu negocio y poder ayudar a más personas. En el momento que regalas tus servicios, estás frenando el crecimiento y, por tanto, valorando más que otras personas tengan ese servicio, que el hecho de que más personas puedan disfrutarlo.

Ahora que ya sabes el juego oculto que se esconde en el Tetris, quiero que cada vez que te sientas perdido y sin

ganas hagas este trabajo, pongas las piezas de las tareas que más energía te dan y que más prisa requieren para que cada día hagas algo con lo que realmente disfrutes.

Cuantas más piezas de las que te gusten tengas en el tablero del Tetris, más estarás disfrutando y, sobre todo, más podrás seguir jugando, porque eso te dará más energía.

Lo más importante del juego, es el jugador, no el juego en sí. Sin el jugador, el juego no tendría ningún sentido. Por tanto, tú eres el jugador de tu propio Tetris, del juego, de tu emprendimiento y de tu vida. No permitas que lleguen otros y te digan cómo debes de jugar a tu propio juego, porque solo tú sabrás qué tareas son las que quieres priorizar.

Y recuerda, las tareas importantes, son aquellas que solo tú puedes o quieres hacer, porque en la felicidad está la importancia de las cosas. Si no te hace feliz una tarea, es que no es para ti.

MUS

Siempre vemos lo que tiene el de al lado, y odiamos lo que tenemos. Las comparaciones están a la orden del día. Todo es una competición para ser más guapo, más listo, más majo, más, más, más.

Sin embargo, hay un juego que parece que premia cualquier cosa.

No sé a partir de qué edad un niño es capaz de entender el juego del Mus. Es como un juego con y sin sentido. Es como que todo vale. Si no tienes buenas cartas, bueno, pues te apuestas todos a que tienes malas cartas. Si las tienes buenas, pues a por las buenas. Aquí gana el que entre buenas y malas tenga un poco de todo.

Y, aunque puedes jugar solo o en pareja, el Mus es un juego bastante entretenido, que juega también con la gracia de engañar al contrincante para ganar la partida.

En la explicación de cómo jugar, entenderás qué sentido tiene engañar al contrincante y poder hacerlo a pesar de no tener las cartas a tu favor.

Se reparten 4 cartas a cada jugador. Con esas 4 cartas, se harán 4 apuestas. Aquí es donde entra en juego precisamente, el que cualquier cosa es buena.

La primera apuesta, es “A LA GRANDE”, es decir, quién de los jugadores tiene las cartas más altas.

Bien, hasta aquí todo normal, es como nos llevan valorando toda la vida. Eres mejor si tienes buenas notas. Así que bien, fácil de entender.

Vamos con la segunda apuesta, es “A LA CHICA”, es decir, quién de los jugadores tiene las cartas más bajas.

Aquí ya nos hemos vuelto locos. Pero bueno, ¿por qué no premiar también al que tiene unas cartas horribles? Si es que este juego piensa en todo el mundo. Es fantástico.

El problema es que esta forma de premiar nos choca bastante porque nunca nos han premiado por ser los peores. ¿Te imaginas?: “Demos un aplauso a Sara Rodríguez, que ha sido la mejor alumna y también a Paco Sáez que ha sido el que peor notas ha tenido”.

Realmente, no sé si nos gustaría más ir a por el premio de la mejor o al del peor. Dicho esto, sigamos con las jugadas.

Seguimos con la tercera apuesta, es “PARES”, es decir,

quien de los jugadores tiene parejas, tríos o incluso, dobles parejas.

Ganará quien más pares tenga, es decir, si tienes dos pares ganarás a los que tengan un trío y el trío gana a la pareja. Sencillo.

Y, por último, es “JUEGO”. Para tener juego la suma de todas tus cartas deben ser 31 o más. Ganará quien más se aproxime a 31.

Como ves, siempre tendrás algo a lo que apostar y poder ganar seguro. Tiene todas las opciones contempladas. ¿No es maravilloso?

Y, aunque no lo creas, esto sucede en las redes sociales constantemente. Podemos pensar que el más guapo es el que más seguidores tiene. Para nada. Hay gente guapa que es *influencer*, por supuesto, al final la imagen es premiada también.

Pero también se premia a la gente creativa y artística. Gracias a las redes sociales tenemos a uno de los mejores cantantes de España, que es Pablo Alborán y otros que han conseguido lanzar su carrera a través de este medio digital, el cual, posiblemente, a través del medio físico, no hubieran triunfado igual, ya que siguen diferentes reglas para poder lanzarse al mercado.

Sin embargo, las redes sociales han potenciado el que la gente sea quien previamente pueda decidir si le gusta una persona o no. Es decir, si influye en su vida o no. De ahí que se les llame *influencers.*

El hecho de que un *influencer* pueda influir en la compra de los usuarios que le siguen, hace que diferentes marcas les paguen para poder promocionar sus productos en su red social. De ellos dependerá si realmente les interesa o no promocionar dicho producto. Además, muchos de ellos, reciben regalos tanto de sus seguidores como de las marcas, para así poder conseguir una *story* mientras enseñan lo que le han regalado.

Precisamente, el hecho de que lo vean miles de seguidores, influye a la hora de que otras personas compren ese producto y, por tanto, la inversión sea muy rentable.

Pero es que, gracias a las redes sociales, también tenemos personas que, aparentemente por su físico han podido ser juzgados o excluidos de la sociedad. Sin embargo, lejos de todo eso y con entusiasmo, han conseguido triunfar en las redes dando a conocer su forma de ser y, sobre todo, la burla o la crítica de aquellos que se mueven única y exclusivamente por la imagen.

Como ves, las redes sociales son el Mus digital. Tienen premios para todos. Pero cuidado, porque a veces, nos dejamos guiar demasiado por lo que otros hacen para modelar, y no conseguimos los mismos resultados.

Por ejemplo, en el Mus, puedes jugar en parejas, lo que hace que ambos podáis ganar todos los puntos. Y es que, puede suceder que lo que no tengas tú, lo tenga tu pareja y viceversa.

Pero claro, para poder comunicarte con tu pareja debes de hacerlo a través de unas señas ocultas, intentando que la pareja contraria no os vea para poder apostar con aquello que consideráis que podéis ganar.

En las redes sociales, jugamos mucho al guiño. El guiño en el Mus significa que tienes "JUEGO", es decir, treinta y uno o más.

El guiño, es una colaboración o mención de otras personas en redes sociales para que personas que te siguen a ti, puedan conocer a esa persona a través de tu canal.

Es importante que sepas que los guiños están bien, pero que no determinan el final de tu partida. Es decir, que tu pareja o alguien en las redes sociales te haga un guiño, no significa que seas el único que vayas a por el juego. Es posible que tu contrincante o tu competencia, tenga un juego mejor que el tuyo y, por tanto, gane esa apuesta.

Lo que quiero decir con esto, es que los guiños están bien, pero no podemos vivir de los guiños de otros, porque al final, somos nosotros los que debemos tener nuestro propio juego con las cartas que jugamos, y el hecho de llevar buenas cartas, no siempre significan que son cartas ganadoras.

Pero en cada red social, el juego, es totalmente diferente. Aun así, siempre tendemos a jugar las mismas cartas, a pesar de tener cartas que no nos convienen en un juego, seguimos insistiendo, porque nos han dicho que ese es el juego que hay que jugar.

No podemos pretender jugar a la grande sin tener ninguna figura en nuestras cartas. Pues constantemente veo emprendedores que se enfrentan a un desgaste de energía constante a través de las redes, para cumplir con los requisitos que exigen, sin tener las cartas que corresponde.

Recuerda, que el capítulo anterior hablaba precisamente del desgaste de energía a la hora de organizar nuestras tareas, por el simple hecho de hacerlo de forma errónea. El hecho de priorizar esas tareas con las que menos disfrutamos, afecta directamente en el juego oculto del Mus.

Cuando hablo de las cartas que no corresponden, me refiero a que, por ejemplo, en Instagram, la red social de la imagen y las fotos, tenemos a personas que no quieren mostrar su imagen ni tampoco les gusta grabarse en vídeo, pero, aun así, están constantemente forzándose y gastando energía en una red que no está hecha para ellos.

No sé si te ha sucedido alguna vez, que sientes la obligación de tener que estar constantemente en una red, porque si no, tu negocio no va a tener éxito. Y, por tanto, te esfuerzas de forma constante para poder encajar en una red que no cuadra contigo.

Es importante diferenciar las redes que no encajan contigo, de las que pueden ajustar, pero que por miedo a perder o a no ser suficientes, nos negamos al esfuerzo de poder intentarlo y mejorar cada día.

Puede sonar contradictorio, pero es importante diferenciar si realmente esa red social está o no hecha para ti a través de las habilidades que ya tienes. El hecho de que sea un medio digital, a veces nos confunde y nos hace pensar que no somos capaces de hacer ciertas acciones porque pensamos que no está diseñada para nosotros. Sin embargo, no sería la primera vez que veo personas con un enorme talento para la comunicación que se quedan en blanco cuando un móvil les está apuntando trayendo frustración y juicios equivocados.

En esos casos, no es que no estés hecha para la cámara, los vídeos o incluso la imagen, sino que los miedos y los pensamientos que te vienen a la cabeza de lo que supondrás que dirán cuando alguien te vea haciéndolo y eso te paraliza.

Imagina a una bailarina que baila en la privacidad de su cuarto, y realmente tiene un talento innato que no enseña

apenas a nadie. Como mucho, a sus familiares más cercanos. Cuando alguien la descubre, desea que se muestre para que otras personas puedan admirar aquello que hace y para lo que posiblemente haya nacido. Sin embargo, cada vez que sale al escenario, el miedo escénico se apodera de ella y sale corriendo. El hecho de que le ocurra eso, no implica que no sea una gran bailarina, y tampoco que no esté hecha para bailar en público. Simplemente tendrá que solventar el miedo escénico para que eso no sea un freno a la hora de mostrar sus talentos encima del escenario.

En ocasiones, tenemos cartas para jugar a la grande, pero al no tener la certeza de que otro jugador tenga mejores cartas que las nuestras, preferimos echarnos para atrás y no apostar por lo que tenemos.

¿Cuánta gente rechazó TikTok por simplemente creer que era una red social de niños bailando? Hoy en día todavía lo rechazan. Esos niños que bailaban ahora son adultos y trabajan, muchos de ellos ganan dinero con esa red social, al igual que otros y muchos tienen negocios propios con los que se pueden crear alianzas y negocios.

Lo importante antes de entrar en una red social, es sentirte cómodo en ella. No ver al público que hay ahí. Porque está claro, que cuando empezó TikTok, pues el público era bastante joven. Y no digo que ya no lo sean, pero si te sentías bien en una red social, crear contenido te resultaba fácil, pero no lo hacías porque considerabas que era una pérdida de tiempo por el público, es lo mismo que pensó la persona que le dijeron que comprar un Bitcoin por 1 € y pensó que no iba a perder 1 € en algo que no tenía valor.

Ambas personas se tiran ahora de los pelos. Y eso es lo que quiero transmitirte. ¿Es importante el público en las redes?, por supuesto que lo es, pero también es valioso lo que sientas tú en ellas, porque lo que a veces pensamos que es contenido para una red, termina resultando un bombazo para otra.

Yo siempre digo algo, las redes sociales están para que se adapten a nosotros. En el momento que somos nosotros los que nos adaptamos a las redes sociales, es cuando el contenido deja de fluir.

Cada red social, tiene un formato, y está claro que hay que respetarlo, al igual que cada apuesta en el MUS. Pero si ese formato no nos encaja para el contenido que queremos ofrecer, pues es mejor que inviertas energía en otras áreas que realmente te vayan a ayudar.

Es más. Hay muchas formas de poder tener un contenido multicanal. Y el trabajo que eso genera, puede también crear una descarga de energía que haga que al final, no acciones en ninguna red social.

Hay páginas de *freelance*, que te ayudan a crear ese contenido o a llevarte las redes sociales por un precio mucho más económico que lo puedes llegar a generar en una hora.

Lo importante de todo esto, es que seas capaz de sistematizar el contenido en las redes sociales, porque al final, es una puerta muy amplia a que otras personas te conozcan.

La sistematización de contenido es una cuestión de organización, planificación y acción.

Al igual que en una jugada de parejas de Mus, en la organización es importante que miréis vuestras cartas. En la organización de redes, es conveniente que veas tus conocimientos y, sobre todo, tus aptitudes y lo que estás dispuesta a hacer para dar ese contenido.

Una vez que tienes claras tus cartas, tienes que planificar la estrategia. Hablar con las señas secretas a tu pareja, establecer hasta dónde estáis dispuestos a llegar para ir a por todas en cada una de las apuestas. En las redes, debes planificar el contenido, saber qué valor darás en cada publicación, cuál será el formato, el tema. En la estrategia que hayas trazado en el paso anterior, ya habrás visto la división de temáticas que querrás tratar para que clientes potenciales, puedan comenzar a seguirte por el valor que está aportando y, sobre todo, poder interactuar con ellos, conocerles y ofrecerles tus servicios en caso de que creas que es lo que necesitan.

Y, por último, quedaría la acción. Ahora te toca accionar, te toca apostar. Tienes que ir a por todas, y entregar el máximo contenido de valor en aquellas redes en las que te sientas que estás a gusto y sin estrés.

Una partida de Mus, cuando haces un órdago, no te pueden ver nervioso, porque sabrán que es un farol. Si haces un órdago, lo haces con todas las de la ley, haciendo que esa partida, se adapte a ti, y no tú a la partida.

El mundo de las redes sociales ha hecho pensar que es un lugar sencillo donde poder ganar dinero. Y ahí es donde está el error. El hecho de suponer que todo tu público está en una red social, es lo mismo que pensar que todos tus clientes están en la misma manzana de tu local.

Hay millones de personas que no están en redes sociales y se les puede ayudar de igual forma.

El juego oculto del Mus, está en saber adaptarte al juego con las cartas que tienes. Posiblemente las cartas que te hayan tocado no son lo que realmente esperabas para apostar con todo y ganar la partida. Pero ahí está el secreto de la maestría en saber que, aun teniendo cartas malas, eres capaz de conseguir ganar la partida.

Pero para eso, tienes que estar cómodo, y sentir la seguridad de que conseguirás convencer a tu contrincante de que se retire porque vas con todo.

Si tus cartas son la imagen y el vídeo, posiblemente puedes apostar en: Instagram, Facebook, TikTok, YouTube e incluso LinkedIn.

Si tus cartas son las de la palabra escrita, tus redes pueden ser: Twitter, Facebook, LinkedIn e incluso tu propio blog.

Si tus cartas son las de la comunicación, puedes irte a Clubhouse, Instagram, TikTok e incluso, tener tu propio podcast.

Pero si crees que no tienes ninguna jugada buena con las apuestas que marcan las redes, entonces, plantéate primero cuál sería la jugada que te gustaría que existiera para sentirte a gusto. Una vez lo tengas claro, vete con esa jugada a las redes sociales.

Las cartas están para jugarlas. Si con tus cartas crees que no se adaptan a las redes, entonces haz que las redes se adapten a las cartas que tienes. Cambia las reglas del juego, crea una nueva forma de jugar y notarás la diferencia.

¿Crees que un pintor está hecho para las redes? Cómo manda su mensaje a través de sus pinturas. Pues ahí está la clave. Hay miles de artistas que han conseguido que las redes se adapten a sus cartas. Visibilizan su forma de trabajar, sus manos y, sobre todo, sus obras de arte. ¿Venden? Por supuesto. Personas que realmente valoramos ese arte, esa forma de pintar, de crear y, sobre todo, de mostrarlo al mundo, es la que hace que les escribamos para tener una obra suya.

Pero cuando intentamos jugar las cartas de todos aquellos que nos gusta su forma de vivir, bien sea simplemente por dinero, es cuando todas tus creencias, inseguridades y miedos, juegan en tu contra para que no ganes la partida.

Nuestra sociedad está llena de quiero y no puedo. Y no se trata de querer aquello que no tenemos, sino de potenciar aquello que ya tenemos.

Por eso es importante que entiendas las cartas que tienes en este juego, para que así las puedas jugar de la mejor forma posible. Y si hay que hacer un órdago para ir con todo, se hace.

En las redes, como en el Mus, los jugadores son tus aliados, no tus enemigos. Ahí solo hay un enemigo, y ese enemigo eres tú.

Cuanto más te centres en la jugada de los demás más que en la tuya propia, más probabilidades de perder la partida tienes, y estoy segura que tú no quieres eso.

No olvides que, en las redes sociales, el secreto es jugar tus cartas a tu manera, siendo tú mismo y, sobre todo, estando presente en lo que haces, y no ausente para estar pendiente de lo que hacen los demás.

Disfruta de cada publicación como si de una nueva partida se tratase, y entrega en cada una de ellas, el mayor valor que puedes dar.

La digitalización, nos ha regalado diferentes formas de llegar a muchas más personas. ¿Las vas a desperdiciar por querer tener las mejores cartas de la partida, o realmente utilizarás tus cartas para jugar la partida de tu vida?

HOTEL

¿Si te dieran a elegir entre ser un motel de carretera o un hotel 5*, cuál escogerías? Supongo que has respondido el hotel 5*, pero, sin embargo, estoy casi segura de que lo que tienes a nivel digital, es un motel de carretera, es decir, un sitio donde la gente se queda porque le pilla de paso, pero no porque sea lo que andaban buscando o su destino final.

Las personas que tienen su negocio basado en redes sociales, están dejando de dar el mejor servicio a sus clientes. Podrán facturar y podrán tener clientes, pero nunca les podrán ofrecer un sitio al nivel de un hotel para poder ofrecer sus servicios.

El juego del hotel es un juego muy parecido al Monopoly, pero esta vez, en el momento que caes en la casilla de comprar un hotel, ya tienes el hotel para ti, ahora solo te queda construir. Y al igual que el Monopoly, la gente que va cayendo en tu hotel, te paga por la estancia que está pasando en la misma.

Como todo, hay hoteles mejores y peores, y en este caso, la estrategia es poder tener el mejor hotel. Y también, el hotel con más casillas en el tablero, porque así te permitirá recibir ingresos durante toda la partida.

Uno de mis primeros *webinars*, estaba basado precisamente en la metáfora de los hoteles. Para mí, tu negocio digital, puede ser un hotel o un motel de carretera. De eso depende cómo utilices la digitalización.

Ya he comentado anteriormente que la digitalización es como las modas. Hace años lo más importante era tener una *web* y todos los negocios antiguos, tienen una *web*, en desuso, y con formatos y diseños muy antiguos. Y ahora, la moda está en las redes sociales. Se dice que se puede emprender sin *web* y, ¿para qué vamos a tener una *web* entonces? ¿No?

Bueno, pues en este capítulo, te voy a contar el juego oculto que hay detrás de la creación de tu hotel o de tu *web*, y por qué, básicamente, deberías de tener una *web* si quieres tener un negocio *online*.

Normalmente, la gente empieza a construir su motel digital. Y no está mal, pero siempre que se tenga la idea de ir haciendo crecer ese motel a un hotel de verdad.

Cuando empezamos por nuestro motel, tenemos nuestros servicios y nuestro negocio en la plataforma de terceros,

normalmente, hablamos de redes sociales. Las redes sociales, nos permiten que personas de todo el mundo, pasen por nuestro motel y decidan quedarse o no. Lo que vienen siendo nuestros seguidores. Pero hay miles de personas que pasan por nuestro motel y, ni siquiera pasan a preguntar porque realmente, no es lo que están buscando. Es más, en las redes sociales no se busca, en las redes sociales se muestra.

Y con esto quiero decir, que mientras que tengamos nuestro motel, nunca seremos encontrados, solo dependeremos de la plataforma que nos muestre a aquellos que considere que puede interesarle nuestro contenido.

Cuando las personas deciden quedarse en nuestro motel, y se quedan por nuestro contenido, debemos seguir invirtiendo para mejorar ese motel.

En ocasiones, preferimos ir poco a poco, y pasar de un motel a un pequeño hotel de una estrella. Esos hoteles en los que ya por lo menos tenemos un programa que nos permite hacer *landing* para poder recoger la información de nuestros clientes, y poder tenerlos en nuestro poder o en poder de un tercero. En este caso, la plataforma donde decidamos hacer las *landing*.

Es cierto, que ya hemos pasado de tener un motel de carretera, a tener la opción de hacer acciones diversas para llamar la atención de otras personas que han pasado ya por nuestro motel, y han decidido quedarse.

Poco a poco, iremos añadiéndole estrellas a nuestro hotel, hasta convertirlo en un hotel de 5 estrellas, donde realmente, quieran quedarse, quieran comprarnos, y por supuesto, nos busquen en internet y nos encuentren.

Eso, solo lo conseguirás si tienes una *web*. Porque al final, la *web* está para eso, para que puedas amueblar cada espacio en función a lo que quieres que tu cliente encuentre.

La recepción del hotel es la página de inicio. He de confesarte algo. En el ámbito digital, las personas se mueven mucho más rápido que en la parte física. Es decir, no esperes que se queden, si no eres capaz de llamar la atención en esa portada, en esa recepción es la oportunidad de crear el ambiente para que quieran saber un poco más de cómo va a ser su estancia en tu hotel.

Para eso, debes de tener una propuesta muy clara, que se entienda perfectamente en una sola frase qué experiencias, servicios o productos ofreces para que tus clientes potenciales, quieran quedarse y hacer *scroll* (que significa deslizar el ratón para seguir viendo más de la página).

Por eso, al igual que un recepcionista del hotel, debes de tener una recepción adecuada para que tu cliente quiera quedarse y, por supuesto, quiera pedir más información.

Una vez deciden quedarse, porque tu propuesta les ha llamado la atención, debes tener un pequeño mapa en la página de inicio, con todo lo que van a encontrar con pequeños detalles, pero detalles que hagan que el cliente quiera saber más.

Se trata de poner lo más importante, para que el cliente decida a qué estancia del hotel quiere dirigirse.

Una de las cosas más habituales, es poner aquellos productos o servicios que tenemos en nuestra estancia de productos o servicios, para que vayan viendo qué ofrecemos.

Será una breve descripción de lo que van a ver dentro de esa estancia, pero la suficiente, para que entiendan cómo

les puedes ayudar.

También es importante que te conozcan. Eso genera mucha confianza a la persona. Saber que hay una persona detrás de todo esto, genera tranquilidad y confianza para la persona que puede convertirse en tu futuro cliente.

En este caso, no se trata de que te describas completamente, para eso ya tienes la estancia de “sobre mí”, donde podrán leer todo aquello que les genere curiosidad sobre la persona que ha creado ese espacio y, sobre todo, para qué.

Es importante, que no busques el ego de mostrarte a ti como persona y como héroe de todo eso, sino que busques que la persona que lo está leyendo y está pasando por cada una de las instalaciones de tu hotel, se sienta identificado con lo que está leyendo y quiera comprarte.

Piensa que la *web* no está decorada para que estés como en casa, sino que precisamente tu cliente, se sienta como en casa. Esa es la idea principal.

Es importante que crees en tu mente cómo quieres que sea la experiencia de tu cliente cada vez que entre en tu hotel. Porque así podrás guiarlo por las estancias como tu realmente quieras.

Por ejemplo, Ikea, es una de las empresas que te obligan a pasar por toda su estancia antes de que decidas comprar algo. Es como un museo gigante con todos sus productos bien puestos y con una lógica para que el consumidor, cuando lo vea, no solo quiera comprar la cama, sino que sienta la necesidad de comprar el dormitorio completo, ya que lo ha visualizado.

La idea en este caso, es la misma. Por suerte, la tecnología y diferentes aplicaciones nos permiten jugar muchísimo con cada uno de los detalles que queramos añadir a nuestra *web*.

Si llevamos la idea de Ikea a nuestro negocio digital, sería como guiar a nuestro potencial cliente por aquellas partes de la *web* que nosotros queramos, es decir, haciéndole un camino en el que vaya descubriendo cada una de los servicios o productos que tenemos, y cómo los podría utilizar. Todo por supuesto, con sentido y orden. Pero se podría hacer igualmente en tu hotel digital, es decir, en tu *web*.

"Ana, entonces, ¿por qué no lo hace todo el mundo así?". Pues porque al igual que en Ikea, hay gente que entra directamente al almacén para no tener que ver todo el mobiliario y perder un tiempo que lo pueden invertir en otras cosas. Si nosotros forzamos a que una persona haga una ruta por todo nuestro sitio *web*, lo que puede generar es todo lo contrario, que no entren. Las personas queremos las cosas ya, respuestas y resultados. Si para saber la respuesta de algo tengo que estar dando vueltas en una *web*, me voy y busco a otro sitio que me dé la respuesta de forma más rápida. Es una de las cosas que más se premia con la llegada de la digitalización, la velocidad de respuestas. Así que cuidado a la hora de querer poner demasiadas opciones en tu *web*. Lo ideal es que sea clara, limpia y fácil de navegar por ella.

Incluso, si solo ofreces servicios, puedes llegar a plantearte el tener una tienda para ofrecer productos dentro de tu *web* o no hacerlo.

Lo importante, es que hagas lo que hagas, siempre tenga un sentido, y que tenga coherencia con lo que estás ofreciendo.

Pero lo más importante de crear tu propio hotel, es que al final, puedes ser encontrado. Estás dejando una huella

digital acorde con lo que estás ofreciendo, y el hecho de hacerlo bajo tu nombre, va a hacer que cuando alguien te busque, lo primero que encuentre posicionado, sea tu hotel digital, donde podrá ver cada una de las estancias en las que has trabajado.

No somos conscientes de las oportunidades que perdemos, ni de cómo de tarde cogemos el tren que nos va a llevar a tener un negocio consolidado en internet trabajando solo con redes sociales.

Lo peor de todo, es que la gente empieza a detectar las mismas acciones de *marketing* en redes, los mismos anuncios una y otra vez, las mismas promociones, los mismos vídeos y fotos. Todos son calcos, unos de otros.

Sin embargo, cuando tú trabajas en tu propio hotel, puedes decorarlo como realmente quieras. Cambiar estancias y textos a tu antojo. Puedes seguir creando plantas, con nuevos productos o servicios para que las estancias sean aún más largas.

Pero claro, hay algo que quiero dejar muy claro, y que precisamente, es un problema que me he encontrado a lo largo del tiempo que llevo trabajando en el mundo digital. ¿Quién debería de hacer la *web*, el dueño del hotel, es decir, uno mismo o delegarlo?

Pues al igual, que no nos planteamos si construimos nuestra propia casa, por qué nos empeñamos en aprender a hacer algo para lo que ni hemos estudiado, ni nos gusta y para lo que tardaríamos mucho más que si nos lo construyen directamente personas que se dedican a ello.

¿Pero, Ana, si lo delego, cada vez que quiera modificar algo, tendré que delegarlo también?, ¿no? Cuando nosotros tenemos un negocio físico, y alguien nos hace una obra para mover muebles, todos podemos hacerlo. No hace falta volver a contratar a nadie para hacer cambios de mobiliario. Otra cosa, es que queramos pintar la pared. Ahí podemos bien llamar a alguien e intentar hacerlo nosotros.

Sin embargo, en la parte digital, me he dado cuenta de la necesidad que tienen las personas de poder tener el control de su propio negocio digital, y el poco control que tienen. Por eso, a mí me gusta, que cada vez que construyo un universo digital, las personas tengan unos vídeos de cómo funciona todo su hotel, para que sean libres haciendo las creaciones, modificaciones más sencillas pudiendo así cuidar a sus clientes con independencia en su negocio.

Al igual que yo no tuve eso cuando contraté al diseñador que me hizo la primera *web* de mi negocio, vi que es algo que la gente necesita saber. Y no hace falta ser experto ni explicarle cómo hacer una *web* desde cero. Pero sí es importante que conozcan cómo cambiar cada cosa, para que tengan la misma comodidad de estar en su *web*, como la tienen con las redes sociales.

Al final es lo mismo. Son diferentes herramientas que nos permiten gestionar nuestra comunidad, nuestros clientes y poder crecer poco a poco, pero desde nuestro control.

Cuando montamos un negocio físico y contratamos a personas que nos reforman el local, proveedores que nos sirven diferentes productos, cada uno de ellos, nos explican el funcionamiento de aquellas instalaciones que utilizaremos para mejorar la experiencia de nuestro cliente en nuestro local.

Sin embargo, en el terreno digital, me he dado cuenta, que no funciona de la misma forma.

Creemos que, ocultando información, nos van a seguir contratando o se van a querer olvidar de todo, y no siempre es así. Cuando una persona tiene el control y sabe que está delegando, posiblemente, vuelva a contar contigo, si tú le has dado la información que necesitaba.

No se trata de darles un máster en digitalización, ni en desarrollo *web*, pero sí unas nociones básicas de cómo funciona su nueva herramienta, con la que va a poder potenciar su negocio.

Y es que esa es la parte que más me gusta. Porque hoy en día, veo esto por separado, cuando debería de estar unido. Es decir, poder enseñar y potenciar a una persona en el ámbito digital, mientras que se le construye todo su universo digital, su hotel digital, para que cuando esté listo, la persona tenga toda la decoración acorde de una persona empoderada con ganas de ayudar a sus clientes a través de su nuevo hotel digital.

No el de una persona agotada y sin energía, porque las ha perdido en aprender a crear su propia *web* o manejar cada una de las herramientas que hay internamente, para tener una *web* mediocre y que no le gusta, pero que es lo único que sabe hacer.

Veo cada día emprendedores desesperados por no saber cómo gestionar su negocio, por no ser capaces de llevarlo a la vez que gestionan toda la parte digital. Muchos de ellos, saben por conocimientos, hacer una *web*, al igual que presentar los impuestos. Pero son tareas, que como hemos visto en anteriores capítulos, nos desgastan y nos generan mucha pereza. Posponiendo en muchas ocasiones esas actividades, para algún día que consideramos nos caerá del cielo esas ganas por ponernos a hacerlo, o el tiempo de sobra para invertirlo en algo que no nos gusta.

De cada uno depende cómo de saturados queremos estar para gestionar nuestro negocio. He visto personas con muchísimo talento, sin energía por culpa de la tecnología. Y es delegar esa parte y comenzar a despegar.

Hay algo muy interesante con lo que quiero que te quedes. Lo más valioso que tenemos en esta vida es el tiempo. Si lo desperdicias, estás tirando a la basura un tiempo valioso, donde otras personas pagarían por obtener la ayuda que puedes ofrecerles. Si sigues con esa mentalidad de escasez, en la que prefieres gastar tu tiempo en algo que no controlas, estás dejando de ayudar a otras personas, que pagarían seguramente mucho más, que el dinero que invertirías porque te construyeran tu propia *web*.

Y ese es uno de los problemas más grandes que tenemos. La falta de valoración de nuestro tiempo, desperdiciándolo en cosas que no nos corresponden.

Para eso somos tantas personas en este mundo, por eso la digitalización ha llegado, por eso se están destruyendo tantos puestos de trabajo que lo están haciendo las máquinas, para que nosotros, en vez de tener mentalidad de escasez, tengamos la mentalidad adecuada para poder crear el mejor equipo que nos ayude a llegar a donde nosotros realmente queremos llegar.

En ocasiones pensamos que la digitalización ha llegado para destruir puestos de trabajo, pero ¿y los puestos que se han creado gracias a ella? ¿Y las posibilidades de mejorar nuestra calidad de vida?

No podemos seguir centrados en la negatividad hacia la digitalización, sino en la cantidad de oportunidades que esta ofrece a cada una de las personas que están en este mundo.

Pero si seguimos obsesionados con el hecho de no gastar dinero, te aseguro, que es la forma más improductiva de que tu negocio siga creciendo.

Recuerda el capítulo del Tetris y empieza a poner en un papel aquellas tareas que realizas, no solo en tu negocio, sino en tu vida que pueden ser delegadas, y que, a ti, te quitarían un peso de encima.

Valora la opción de delegar alguna de ellas y ver qué ocurre. Te aseguro, que ese tiempo que empezarás a tener, bien aprovechado, te dará mucho más que lo que ahora mismo te está generando.

Recuerda, el juego oculto del hotel no está en la creación de tu *web*, sino en que creas que, sin ella, puedes tener el negocio que necesitas, mientras que otros, están siendo buscados para ser contratados.

No permitas que escondan tu negocio entre millones que hay en las redes sociales. Trabaja por destacar y posicionarte, donde realmente la gente busca encontrarte.

El escondite

Ese día me tocaba contar a mí. Empecé contando "1, 2… 99 y 100, voy". En ese momento en el que te das la vuelta y empiezas a ser consciente de que estás solo, que no sabes dónde puede estar la gente, es cuando más conectado estás contigo mismo. Todo el mundo, cuando termina de contar para empezar a buscar a los que se han escondido, tienen un momento de observación, análisis y ejecución para saber dónde empezar a buscar. Pero en la digitalización… pasa todo lo contrario.

El escondite es un juego, que seguramente, para todos es divertido, menos para el que se la "liga", que es la persona encargada de contar hasta 100, mientras el resto de las personas se esconden en el mejor lugar para no ser encontrados.

La persona que sale a buscar a los que están escondidos, puede dejar solo el sitio de salvación, es decir, si una persona no es encontrada, y corre hasta el mismo lugar donde empezó a contar la persona que se la "liga", podrá salvarse del juego.

El primero en ser encontrado, será la persona que tendrá que contar en la próxima ronda, así que, hay que intentar que no te encuentren de primero.

Cuando empecé a emprender en el terreno digital, pensaba que una vez que tú ponías una página *web* pública, cualquier persona podía entrar. ¡Error! Cuando tú creas tu local digital, es decir, tu *web*, tienes que publicitarla en algún lugar, enviar una invitación a personas conocidas para que vayan a verla, es decir, accionar para que se empiece a posicionar.

A diferencia de los locales físicos, los cuales, no pueden moverse de donde está, una *web* sí puede moverse de donde está. Pero para eso hay que trabajar, y en este capítulo, vamos a ver qué se oculta a través del juego del escondite en nuestro negocio.

Seguro que estás diciendo ahora: "claro Ana, por eso no tengo una *web*, porque para poder posicionarla, tengo que accionar mucho". Y pensarás que las redes sociales, son mucho más visible que el hecho de tener una *web*.

En este juego, no te voy a explicar la importancia de tener una *web*, ni el juego oculto que hay detrás de no tenerla, debido a que eso lo hemos visto ya en el capítulo anterior.

En el momento que yo descubrí lo que tenía que hacer para posicionar mi *web* en internet, me puse manos a la obra para poder hacer lo que otros profesionales, que llevaban más tiempo, me habían aconsejado para hacerlo.

Una *web* es un sitio digital, donde a través de una comunicación clara, das un mensaje de en lo que puedes ayudar a las personas.

Como mi intención era ayudar a otras personas, me dispuse a escribir cada semana un artículo para que Google me ayudara a posicionar mi *web*.

Una de las primeras cosas que tuve que hacer, fue pensar en aquello que le interesaba a mi cliente potencial, para buscar qué contenido existía sobre ello.

Es importante saber la competencia que hay ya en Google, sobre lo que vas a querer escribir, y pensar en temas que generen interés en tus potenciales clientes, y a ser posible, que no haya mucha competencia.

Saber qué vamos a publicar y, sobre todo, cómo nos buscara nuestro cliente, es clave para que tus artículos se posicionen de forma correcta. Pero esto lo iremos viendo poco a poco.

Es curioso que cuando somos pequeños, nos escondemos para que no nos encuentren. Ahora en la digitalización, estamos escondidos desde que iniciamos nuestro camino, y tenemos que hacer que Google, en este caso, nos vea para que nos pueda posicionar.

"Ya Ana... pero ¿cómo hago para que Google me encuentre?". Pues te diré que hay dos formas de que Google te encuentre y te dé visibilidad. La primera, es pagando a Google directamente, y diciéndole, dónde estás escondido. De esa forma, Google te mostrará cuando alguien busca tus servicios. (Quiero aclarar que estoy siendo muy poco técnica, porque mi intención es que descubras el juego oculto, no de ocultarte aún más el juego).

Una vez que alguien te busca donde le has informado a Google que estás escondido, esa persona entrará o no en tu local. Pero Google, ya ha hecho su trabajo, que es mostrarte y darte visibilidad.

"Ya Ana… pero ¿cómo controlo que cada vez que Google me muestre y no entren a mi local, no me cobre Google?". No te preocupes, Google te cobra cada vez que pinchan en el anuncio que muestra. Su trabajo principalmente es mostrar el anuncio a esas personas que han realizado la búsqueda que tú previamente has marcado como la búsqueda que tu potencial cliente podría hacer si necesita de tus servicios o comprar tus productos. Por tanto, la responsabilidad de Google, termina en el momento que te ha mostrado y han hecho *click* en el enlace que los llevará a la página que hayas elegido para ese anuncio. Si finalmente, el cliente entra y se va sin comprar, Google se desentiende, y te cobra igualmente por ese *click* que ha generado. Por eso, no solo es importante pensar en la estrategia del anuncio, sino en la estrategia de la página de aterrizaje, que es la página donde aterrizarán aquellas personas que, tras ver el anuncio, están interesados en ver más.

Por otra parte, tenemos la opción de no pagarle a Google y que nos posicione igualmente. "¿En serio Ana? Entonces… ¿por qué la gente paga a Google si lo pueden hacer gratis?". Pues porque lleva mucho más trabajo, y por norma general, la gente quiere resultados en el momento, y el posicionamiento orgánico, es decir, gratuito, puede tardar entre 6 meses a 1 año. Eso siempre que cumpla con las normas de SEO.

"Perdona Ana, ¿has dicho SE… qué?". SEO, es la forma de posicionarte de forma orgánica en Google. SEO es como si fuera el algoritmo de Google. Son las normas o

reglas que Google estipula para considerar que un artículo debe estar mejor posicionado que otro, porque considera que genera mayor interés y está mejor redactado. Por eso es importante tomar en cuenta esta opción. "Ya me he perdido, algoritmo, ¿tengo que aprender matemáticas para digitalizarme?". No te preocupes, el algoritmo, son una serie de reglas para que Google tenga en cuenta, de forma automática, qué artículos son los mejores, para poder posicionarlos los primeros cuando alguien busca en Google.

Volvamos al juego del escondite. Google, en este caso, siempre es el encargado de buscarnos en internet. Si alguien quiere algo, lo busca en Google. Hay otros buscadores como Yahoo!, pero el más utilizado, con diferencia, es Google.

En este escondite, nosotros tenemos que ir dando pistas a Google de dónde estamos escondidos, para que poco a poco, cuando alguien busque nuestros servicios, Google sepa decir exactamente dónde nos ocultamos, antes de que recomiende a otra persona que también esté escondida. El juego oculto del escondite en la digitalización es conseguir que te encuentren. Es jugar al juego de forma diferente de cómo nos lo habían contado.

En cada ronda, es decir, en cada búsqueda, que un potencial cliente haga en Google, estamos jugando contra varios jugadores que, como nosotros, están escondidos, pero que algunos ya han invertido en Google para decirles dónde están escondidos, y otros, la mayoría, todavía no saben ni qué tienen que hablar con Google para que les encuentren.

Así que piensa, que, en el fondo, estás jugando con ventaja, porque porcentualmente hablando, apenas hay gente informando a Google dónde están escondidos.

Cuanto más trabajes, haciendo artículos en los que das información de valor, y siguiendo las normas de SEO, más probabilidades tienes de que Google te encuentre y, por tanto, te posicione.

Pero en este caso, al igual que cuando pagas a Google porque entren en tu local, Google se desentiende de si el cliente compra finalmente tus productos o servicios, en este caso pasa algo parecido. Para que Google considere que tu artículo debe posicionarlo, debe ser un contenido fácil de leer, que genere interés, donde la gente, cuando entre, esté un tiempo de media alto. Eso significará que el artículo genera interés y la gente cuando lo lee, quiere leer cuanto más mejor, porque le está resolviendo las dudas o el problema que tenía. De ahí, la importancia de escribir un artículo con el mayor número de caracteres. Eso hará que, si es interesante y tiene valor el contenido, quieran seguir leyendo más y más.

Quiero hacer referencia al significado de contenido de valor. ¿Cómo se mide el valor? ¿Cómo saber si estás ofreciendo valor? Son preguntas ambiguas a la vez que necesarias para saber si realmente nuestro contenido tiene o no valor.

La primera pregunta que tienes que hacerte es: ¿a quién te estás dirigiendo?

No es lo mismo buscar a un niño de tres años, que buscar a un adolescente de quince. Un niño de 3 años se esconde tapándose los ojos, porque considera que, si él no ve, nadie le está viendo. Sin embargo, un niño de quince años tiene mucha más picardía y estrategia para esconderse, por lo que, para encontrarle, habrá que saber cómo piensa y conocer sus habilidades, para poder llegar a entender dónde pueden estar escondidos.

El saber quién es la persona a la que nos estamos dirigiendo, es fundamental para saber en qué momento está, qué necesita y, sobre todo, qué le puede ayudar para que nosotros, a través de un texto, podamos resolver su problema transformándolo en una solución.

Mi último mentor, David Sobrino, me dijo algo que me ayudó mucho a saber sobre todo qué valor aportar a esas personas a las que me dirigía, a través de una pregunta:

¿qué le dirías si supieras que le quedan pocos días de vida? ¿Qué valor, información, ayuda, solución, transformación le aportarías a una persona, que pronto va a morir? ¿Le dejarías sin saber todo lo que tú ya sabes, y que ha hecho que estés donde estés actualmente?

En ese momento, me di cuenta de lo que realmente era aportar valor. Y es hacer que una vez que te encuentren, sepas dar todo lo que tienes, para que siempre vayan a buscarte al mismo lugar. Recuerda que el juego oculto del escondite en la digitalización es precisamente hacer que te encuentren, ser visible aportando valor.

“Bien Ana, lo tengo claro, pero como te he comentado, no tengo *web*, ni tengo intención de tenerlas, ¿cuál es el juego oculto del escondite en las redes sociales?”.

El juego oculto es el mismo, pero el terreno de juego es diferente. Con mi experiencia, me he ido dando cuenta de que en las redes sociales apenas encuentras valor. Y no lo encuentras, porque estamos constantemente pensando en cómo hacer que el algoritmo, en este caso de las redes sociales, nos encuentren. Y dentro de las diferentes reglas, nos hemos quedado solo con la regla de ser constantes. Es decir, creer que el hecho de que escribas más veces, o hagas más post, hará que las redes sociales te posicionen mejor.

Básicamente, dentro de todas las estrategias en el juego del escondite, para esconderte, solo utilizarás la misma estrategia. ¿Recuerdas cuando alguien se escondía detrás de ti, para que cuando terminases de contar dijera: "por mí, por todos mis compañeros y por mi primero"? Pues la primera vez funcionaba, la segunda también, pero a la tercera, tenías claro que estaba detrás y antes de darte la vuelta, decías su nombre para que fuera el siguiente en contar. En este caso, hacer eso, no tenía ningún sentido. En el juego del escondite digital, tampoco lo tiene.

Tengo muchos clientes que llegan agobiados por el tema del contenido, se oprimen, no saben qué publicar, su cuenta crece muy lentamente, vamos... que por mucho que siguen las reglas del juego, no están siendo encontrados y, por tanto, se sienten frustrados.

"Entonces, Ana, ¿qué hay que hacer para tener más seguidores en las redes sociales?".

Precisamente todo lo contrario a querer tener seguidores. Y me explico. Esta pregunta, la escucho muchas veces a lo largo del día. Uno de los temas más importante del libro, y que quiero que tomes verdadera consciencia de lo que te voy a decir.

Es que estamos constantemente queriendo ser encontrados en redes sociales para llegar a más gente. Pero ¿cuál es el principal motivo, de querer llegar a más gente?

"El que pueda vender mis productos o servicios".

¿Y qué está impidiendo que ahora no vendas tus productos o servicios a tus seguidores?

"Pues que tengo muy pocos".

¿Y?

"Pues que, si tengo más seguidores, más probabilidades de vender tengo".

Aquí está el error, y el juego oculto a la vez. Las redes sociales, al igual que Google, son los encargados de contar y buscar a las personas en el juego del escondite. Pero las redes sociales, tienen el terreno limitado. Saben dónde te escondes, pero no te muestran. Google, empieza a buscar cuando alguien le pide que busque. Pero si no se lo piden, no tiene la necesidad de buscar.

Sin embargo, en las redes sociales, la forma de buscar es diferente. Es directamente la red social, quien busca primero y decide mostrar a las personas lo que la red social considera que les puede interesar. ¿Por qué? Pues porque el juego oculto de las redes sociales es que todo el mundo juegue en su terreno de juego, en su propio universo, ya que, de esta forma, genera mayor interés y, sobre todo, mayor control en los usuarios, para así poder generar mayores ingresos.

"Uy Ana… qué turbio suena todo esto… ¿Entonces… no me recomiendas que utilice las redes sociales?".

¡Nooo! Claro que te recomiendo que las utilices, lo que te digo, es que intentes que no sean ellas las que te utilicen a ti.

Volvamos al momento en el que me decías que querías tener más seguidores, porque así tienes más posibilidades de vender tus productos o servicios.

Supongamos que tienes una cuenta con doscientos seguidores, algo que hoy en día se considera una cuenta con muy pocos seguidores. Ahora imagínate, que esos doscientos seguidores, no son seguidores, sino clientes.

¿Crees que son pocos clientes?

Cuando recomiendo que seas tú quien utilices las redes y no las redes a ti, es precisamente para que no veas doscientos seguidores, sino doscientos potenciales clientes que están interesados en tu contenido, y, por tanto, te interesa en darles ese valor que haga que contacten contigo a través de las redes sociales.

Recuerda el concepto de valor. Cada una de esas personas que tienes como potenciales clientes, se van a morir pronto, qué contenido les darías. ¿El mismo que el resto de la gente? ¿Contenido vacío de valor y de sentido? No, ¿verdad?

Supongamos que, en vez de estar en las redes sociales, tenemos un puesto en un mercadillo. Cada día, pasan las mismas 200 personas por tu mercadillo, y mientras miran tus productos, tú estás pendiente de las personas que están en los otros puestos. ¿Sabes lo que pasa cuando consiguen ir a tu puesto? Que sigues fijándote en la gente que están en otros puestos que no son el tuyo. Es importante que atendamos a las personas que tenemos cerca, que nos siguen y poder aportarles el máximo valor en función de lo que ellos necesitan.

Cuando empezamos a emprender en el terreno de la digitalización, a veces creemos que las reglas cambian, pero las reglas son las mismas que en terreno físico. ¿Sabes por qué? Porque detrás de todo esto, hay personas. Personas que quieren jugar al escondite contigo, que te quieren encontrar, pero mientras que ellos te buscan, tú no sabes cómo mostrarte. Y la mejor forma de jugar al escondite es la de mostrarte tal y como eres, mientras que otros hacen por mostrarte para que te encuentren.

Nos empeñamos en aprender a jugar como el resto de la gente. ¿Por qué tenemos que ser los que nos escondemos? ¿Por qué no crear nuestro propio juego del escondite, y ser nosotros quienes busquemos al resto con nuestro propio algoritmo?

Nos hemos creído, que el mundo digital lo gestionan otros, y nosotros solo somos unos invitados, sin apenas conocimiento sobre tecnología, que tenemos que seguir unas reglas marcadas para poder conseguir el éxito que queremos. Sin pararnos a pensar muchas veces, si es coherente, y sin ser conscientes de que detrás de un seguidor, hay una persona.

Hay una cosa que tengo muy clara. Cuando la gente pide visibilidad, en realidad están pidiendo visión. Visión para poder ver que tienen a doscientas personas en su puesto diariamente que no estamos atendiendo, para conseguir que nuestro puesto sea el que más gente tenga. En ese momento nos ocultamos en el juego.

Recuerda que, para ser visible, primero tienes que ver. Una vez consigas ver lo que tienes, la forma de tener visibilidad se dará prácticamente solo. Porque mientras tú atiendes a los clientes que ya tienes, otras personas podrán dedicarse a mostrarte a través de sus conocimientos para que poco a poco, diferentes jugadores, vayan llegando de forma automática a tu mostrador.

El Parchís

¿Quién no ha jugado alguna vez en su vida al Parchís? La verdad, que lo que más me fastidia del Parchís es tener que esperar a sacar un cinco para poder sacar ficha. ¿No había otro número que no tuviera rima?

El Parchís es un juego que realmente tiene bastantes similitudes con el emprendimiento digital. Por ello, vi necesario incluirlo dentro del libro *El juego oculto de la digitalización*.

Hay tantos emprendedores pendientes de tener algo tan perfecto, que nunca llegan a la salida. Y eso te paraliza,

ya que, hasta que no sacas ficha, no juegas. La perfección está más presente en el emprendimiento digital de lo que nos pensamos.

Aun así, siempre tenemos alguna ficha por sacar. Podemos sacar una ficha y dejar el resto ahí de por vida. Es más, a veces hasta recorremos el tablero completo y todavía seguimos con fichas pendientes de sacar para poder completar nuestra jugada, mientras el resto de jugadores, tienen todas las piezas en el tablero.

El emprendimiento no es fácil, y el Parchís, tampoco. Cuando crees que tienes todo a tu favor, llega alguien por detrás, te come la ficha y vuelves a empezar.

Pero de eso se trata, de que, aunque te caigas y regreses a casa, vuelvas a empezar con el mismo empuje del principio, y siempre pensando, que todo puede cambiar.

Ni siquiera, lo que parece que ya está perdido, lo está. Hasta que no termina la partida, no des nada por perdido.

Si no has jugado al Parchís nunca, en este momento te lo voy a explicar brevemente para que entiendas la estrategia de la jugada.

Es un juego de mesa, para cuatro jugadores máximo. Cada jugador tendrá que elegir un color entre, rojo, amarillo, azul o verde.

Cada uno de ellos tendrá cuatro fichas con las que tendrá que jugar, y conseguir avanzar durante todo el tablero hasta lograr tener las cuatro fichas en la casilla final del medio del tablero.

Pero para llegar hasta allí, tienes que tener cuidado con los contrincantes, ya que cualquiera de ellos, te puede hacer volver a la casilla de salida. Si esto ocurre, ellos avanzan veinte casillas recorriendo el tablero mucho más rápido.

Por suerte, dentro del tablero, tienes varias casillas de salvación, que te hacen que tu ficha no regrese al inicio, en caso de que otra ficha de un jugador contrincante, caiga en esa misma casilla. Eso te permite por lo menos tener la tranquilidad de que cada siete casillas más o menos, hay una de salvación.

Una vez que consigues llegar a la casilla de destino final, podrás hacer que alguna de tus piezas avance diez casillas más.

En el mundo digital, hay personas que nos ayudan precisamente a que vayamos alcanzando esas casillas de destino. Esas personas son lo que se denomina mentores.

A lo largo de mi vida, he tenido bastantes mentores. Antes de empezar a emprender, te juro que no tenía ni idea del significado de la palabra mentor. De hecho, fue un libro el que me llevaría a la acción para conocer al que sería mi primer mentor.

Ese libro era *Desata tu éxito* de Víctor Martín, donde me dio precisamente las pautas y lo que yo necesitaba para saber un poquito sobre el emprendimiento que quería hacer.

En ese libro habla de la importancia de tener un mentor. Esa persona que básicamente te ayuda a contar veinte y avanzar mucho más rápido por el camino que quieres recorrer, ya que esa persona, ya lo ha recorrido.

En ese momento, empecé a buscar mentores, que pudieran ayudarme a conseguir el resultado que quería con mi emprendimiento. Busqué bastante en internet, y cada uno de ellos me ofrecían cosas diferentes que me podían ayudar. Pero todo lo que me ofrecían, me daba igual. En mi cabeza solo estaba una persona. Y esa persona era Víctor

Martín. Desde el momento que leí su libro, sentí que tenía que ser mi mentor.

Así que, me puse en contacto con él para empezar a trabajar. La verdad es que estaba dispuesta a empezar con él, fuera el precio que fuera. Pero antes de comenzar conmigo, me hizo una pregunta clave, y es si realmente estaba comprometida para poder empezar a trabajar con él.

Él ya tenía claro que iba a dar el 100 % para conseguir el resultado que yo quería, pero claro, si yo no lo estaba, daba igual lo que él hiciera, que al final, yo era la parte clave para que el proceso diera resultado.

Así que sí, estaba completamente convencida a hacer lo que hiciera necesario para sacar adelante mi proyecto con los objetivos que quería conseguir.

Y ese fue el inicio de un camino que, hasta hoy, sigue lleno de mentores. Y es que, la verdad es que siempre he tenido resultados con cada uno de ellos. He tenido transformaciones que hacen que, hoy en día, sea la emprendedora que quiero ser. Y eso es lo más importante.

Para mí, un mentor es clave en el camino de cualquier emprendedor. Pero claro, como todo en la vida, ahora todo el mundo quiere ser mentor y se convierten en ello. Pero entonces, ¿cómo tenemos claro a quién contratamos?

Te explicaré el proceso para que sea algo fácil y sencillo. No se trata de coger el mejor coche y de estar comparando para elegir al final la casa de tus sueños. En la vida, perdemos mucho el tiempo en tomar decisiones, y es mucho más sencillo que todo eso.

Todos tenemos la capacidad de observar lo que la vida tiene para nosotros. Pero nos empeñamos constantemente,

en ver cuál es la pieza que podemos mover, aun teniendo enfrente la jugada que nos hará ganar la partida.

Preferimos ver todas las opciones, ver con cuál de todas las piezas llegaré antes al destino, sabiendo, que eso, por mucho que queramos, no sirve de nada, si al final entre los dados y las jugadas, otro jugador consigue ganar la partida.

A veces sacamos un cinco, y en vez de sacar la pieza de la casilla de salida, preferimos coger la pieza que con cinco casillas más llega a su destino. De esta manera cometemos el error de siempre. Querer llegar antes de tiempo a un sitio, que no te va a solventar nada, si no tienes todas las piezas fuera del tablero. ¿Y si ese cinco es el último que sale? Aun así, no lo pensamos, y preferimos actuar para terminar algo que para construir la partida perfecta.

Con los mentores, es lo mismo. No se trata de elegir al que todos eligen, se trata de que elijas a esa persona que sientas que te va a ayudar. Ahora eso sí, cuando lo sientas, no pienses en el dinero, porque es solo un obstáculo que no te permitirá hacer lo que realmente quieres.

Cada mentor que he contratado, ha sido porque realmente he sentido que podían ayudarme. Independientemente de si eran más o menos conocidos, o de si cobraban más o menos. Yo he sentido con cada uno de ellos que podían ayudarme en mis objetivos y así ha sido finalmente.

Cada uno de ellos me ha enseñado a jugar al Parchís en cada una de sus fases. Pero obviamente, siempre tienes que mover ficha. Si no mueves ficha, olvídate, no hay mentor que la mueva por ti. Y eso es algo que tienes que tener muy claro. De todas formas, entiendo que, si estás leyendo este libro, no es precisamente porque no quieras mover ficha, sino porque precisamente quieres saber qué ficha es la que tienes que tienes que mover en los diferentes juegos para llegar a la meta.

Y es que, la figura de un mentor en el emprendimiento digital se ha convertido en algo casi imprescindible. Aun así, hay personas que no han tenido ni quieren tener mentores. Pero eso, les hace ir mucho más lentos y, sobre todo, perderse mucho conocimiento que, aunque pueden buscar en internet, hay cosas que solo las sientes y las percibes en una mentoría.

Una mentoría no es solo conocimiento, es un proceso único, por el que una persona te guía en tu camino, y ese camino y esa guía, no la vas a encontrar en internet.

Esa persona, te sabrá decir cuál es la mejor estrategia, o cuáles son los pasos que debes de dar en esa partida de ajedrez, en tu emprendimiento. Porque esa persona, ya ha jugado a ese juego, donde ha conseguido aprender lo necesario para ganar la partida y hacer que otras personas también puedan ganarla.

Podrá darte las tácticas, técnicas y, sobre todo, el acompañamiento para saber lo que tienes que hacer en cada momento. Cada persona necesitamos cosas diferentes, y ahí está la magia del mentor, pero, sobre todo, de la conexión que sientas con esa persona.

Por eso, es importante que no te guíes solo por lo que los demás hagan o por lo que la mayoría haga, porque te aseguro, que eso no te dará resultado si finalmente no tienes conexión con esa persona.

He visto a mucha gente contratar a mentores sin estar convencidos, no confían e incluso, no conectan. Y eso

hace, precisamente que las mentorías no avancen como tendrían que avanzar, porque la persona no está entregada en el proceso, hay un muro que separa al mentor de la persona, y eso hace que no fluya en el camino.

Es tal la desconfianza, que cuando el mentor le dice que saque una ficha para empezar a moverla por el tablero, decidan que la mejor opción es obtener ese resultado llevando otra ficha a la casilla final.

Tienes que tener muy claro a dónde quieres llegar, y si realmente esa persona, en la que tienes y necesitas confiar, ha conseguido ya ese objetivo. Porque si es así, es importante que aceptes y sigas sus consejos. Si no los sigues, te costará más llegar a la meta que quieres.

La meta, no siempre tiene que ser dejar tus cuatro piezas en el final. A lo mejor es solo poder sacarlas todas al tablero para empezar a jugar o conseguir avanzar sin retroceder a la casilla de salida. Sobre todo, es que tengas claro, cuál es el objetivo o el punto donde quieres que tu mentor te lleve, y dar el doscientos por cien en poder conseguirlo.

También es importante que siempre, tengas al mentor que tengas, respetes lo que quieras hacer en cada momento. Pero no por desconfianza. Es decir, puedes tener a una persona que te guíe en ese proceso, pero no estés conforme con lo que te está diciendo, y no pasa nada por decirle la visión que tú tienes. Lo importante es que puedas comunicarte con tu mentor y, sobre todo, que sientas que hay confianza suficiente para explicarle lo que sientes, tus miedos y, sobre todo, tus limitaciones. Esa persona, si es la adecuada, sabrá cómo ayudarte, porque seguramente, también haya sentido y tenido esas sensaciones.

Te voy a revelar algo, que pocos te dicen, que es la cualidad más importante de un mentor. Para que un mentor sea realmente mentor, debe ser aprendiz. Un mentor te guía y te enseña el camino que quieres recorrer. Pero ellos también pueden aprender en tu camino. Por eso, no desprecies nunca tu visión y tu observación del terreno, porque eso puede ayudar a que el camino pueda ser diferente del que os habíais marcado en un principio.

A veces nos fustigamos pensando que no estamos siendo suficiente para la otra persona. Que se avergonzarán de nosotros, que no damos la talla, que no estamos obteniendo los resultados y, por tanto, que no somos merecedores incluso, de trabajar con esas personas.

Y no es cuestión de ser suficiente para la otra persona, se trata de ser excelente para ti. Al final, tu mentor es tu guía, no la persona que comprará tus servicios, que puede ser también, pero que, en ese proceso, te está ayudando, así que no tienes que demostrarle nada a esa persona, sino a ti.

Y ahí es donde se encuentra el juego oculto del Parchís. Cuando creemos que un mentor nos va a solucionar la vida o que con su varita mágica hará que nuestros sueños se cumplan, es cuando estamos empezando la partida con una idea equivocada. No podemos pretender al inicio de una partida de Parchís, que esa persona que nos guía y acompaña por ese camino, consiga que ganemos la partida.

Y es que, el juego oculto del Parchís no está en ganar la partida, sino en aprender a observar la jugada para poder avanzar cada casilla siendo consciente de que es el mejor movimiento que podrías hacer en ese momento.

Creemos que el Parchís se trata de conseguir llevar las cuatro piezas al final, y como en todo, no es solo cuestión de llevarlas al final. Hay que disfrutar el proceso, reírte y saber que con los dados que te han tocado, la mejor opción de mover es la que tú mentor te dice.

Pretendemos muchas veces jugar y tener la misma partida que el jugador de al lado. Eso hace que nos desenfoquemos de nuestro objetivo, porque pensamos que, si seguimos al que está por delante, conseguiremos llegar antes que ellos. Pero recuerda, que el que esté delante, no significa que vaya mejor que tú, solo que cada jugador sale desde una casilla diferente, y precisamente, la sensación de ver que están por delante de ti hace que sientas que vas retrasado, que no llegarás a tiempo y, por tanto, que perderás la partida. Y eso, hace que siempre quieras seguir avanzando la pieza que tienes en movimiento, en vez de fijarte en las que están detrás de ti.

Los que están detrás de nosotros, no queremos que nos alcancen, ya que eso supondría que, o retrocedamos si llegan a nuestra casilla, o incluso, que nos adelanten. Si los que van delante de nosotros nos genera ansiedad por querer estar en la misma posición a pesar de que han salido varias casillas por delante, imagínate, lo que supondría que un jugador que sale detrás de nosotros, pase por delante. El estar más pendiente de la jugada de los demás que de la nuestra propia, es precisamente el juego oculto para que no ganemos la partida.

El emprendimiento digital, así como el Parchís, tenemos que tener muy claro cuál es nuestro objetivo, los movimientos posibles, y dejar que el resto suceda como tenga que suceder. Si perdemos nuestra visión de movimiento por estar pendiente de lo que el resto de los jugadores o emprendedores hacen, da igual que tengamos a un mentor al lado, porque el ruido que tendremos alrededor, no nos dejará avanzar a la velocidad que podríamos realmente hacerlo, ya que nos encontramos aturdidos.

Y te voy a decir algo más, un mentor, posiblemente se convierta en un amigo. Al final, es una persona que te conocerá lo suficiente para tener la confianza que necesitas tener en una persona. Eso hará que sientas que no solo es un maestro, sino que es una persona que se ha preocupado y se preocupa de tu bienestar y de ayudarte a conseguir tu objetivo.

Recuerda que lo más importante, es que un mentor te ayuda en el proceso, pero que el proceso, lo tienes que hacer tú. Si tú no haces nada, te aseguro que no sucederá nada.

Y, por último, un verdadero mentor, posiblemente vea cosas en ti que todavía no has sido capaz de ver. Si realmente es bueno, hará que tú también lo veas, porque esa luz, es la que realmente iluminará tu camino cuando tu mentor no esté a tu lado, ya que habrás sido capaz de verla y, por tanto, podrás continuar con tu propia luz y no con la de otros.

COMECOCOS

Es increíble, pero creo que no he jugado al Comecocos en mi vida. Teniendo en cuenta que se creó el juego nueve años antes de yo nacer, es posible que cuando me interesara por jugar, ese juego ya estuviera bastante desfasado.

A pesar de no haber jugado nunca, sé reconocer perfectamente el juego y sus trucos. Eso me ha permitido saber que sus estrategias han sido tomadas y utilizadas mucho en el emprendimiento digital. El mundo digital está plagado de personas que te comen el coco para que precisamente compres sus productos. Los llamados vendehúmos.

El juego del Comecocos, consiste básicamente en ser un muñeco que tiene que ir comiendo puntos en diferentes laberintos. Ese muñequito, debe esquivar a unos fantasmas de colores que caminan por el laberinto. Lo que hace más complicado el juego y, por tanto, que el Comecocos, consiga o no comerse todos los puntos del laberinto.

Te quiero explicar cada una de las similitudes que he ido viendo en el juego del Comecocos con el emprendimiento digital. Imagina que cada punto del laberinto es una persona con ganas de aprender y, sobre todo, con carencias a la hora de montar su propio negocio.

Esos puntitos, podemos ser cada uno de nosotros. Son personas que realmente se encuentran en un laberinto, y que su estado emocional, está bastante sensible para que cualquier persona con una comunicación donde utiliza la manipulación, pueda realizar una venta en la que no hay ni transformación ni valor. Lo que hace que esa persona, que ha confiado en el Comecocos, pierda parte de sus ahorros o invierta en algo que no le va a dar resultado.

Es importante distinguir un Comecocos de un profesional de verdad. Porque al final, muchas veces las técnicas son las mismas. Pero qué diferencia principalmente o cómo puedes detectar si esa persona realmente te puede ayudar.

En primer lugar, es importante saber si esa persona está invirtiendo también en formación. ¿Por qué es importante? Porque todas las personas necesitamos seguir mejorando, seguir aprendiendo, y si una persona considera que lo sabe todo, créeme, nada bueno te va a esperar.

Yo, todos los mentores que he tenido, se estaban formando con mentores. Lo que hacía, que el conocimiento que me transferían a través de sus servicios, fueran aún mejores de los que realmente había contratado.

Piensa, que una persona que se está formando, tiene los aprendizajes frescos y, por tanto, tú serás de las primeras personas a la que le cuente aquello que ha aprendido para darte el valor que está recibiendo.

No es imprescindible que esté formándose mientras está siendo tu mentor, pero sí que invierta en formación de forma regular, que asista a eventos, etc.

Una persona que no va a eventos, y que no se forma, créeme, algo tiene que esconder.

Como en cada juego, todas las personas tenemos algo oculto. Pero esa parte oculta, puede guardar cosas buenas y no tan buenas.

Aun así, el hecho de estar formándose no siempre garantiza que no sea un vendehúmos. Es posible, que ni el propio vendehúmos sepa que lo es. Y ahí está lo más delicado. Esa línea tan fina que separa la buena intención que puede tener una persona, a la que sea 100 % consciente de lo que realmente puede aportar al resto de personas con lo que ya sabe.

Tengo la sensación de que es muy sencillo decir en el mundo digital que todo el mundo vale para todo… y ahí empieza el problema de la creación masiva de Comecocos.

Cuando realmente le dices a una persona que tiene ambición que puede hacer lo que realmente quiera, puede tener un gran don para la venta, y creerse realmente que pueda ayudar a una persona al igual que lo han hecho con ella. El problema, es que esa persona, a lo mejor, no tiene las habilidades ni tampoco termina de entender a lo mejor el proceso para el que compró el curso.

El principal problema que veo en el mundo digital, es la gestión de los clientes y la desesperación de muchas personas por querer tener la vida que desean de forma fácil.

Y durante un tiempo, se llenó el mundo digital de cursos con promesas estilo: “consigue facturar siete cifras en treinta días”.

Claro, para las personas con desconocimiento, podrían ver una gran oportunidad. Al final, estamos constantemente apostando a que nuestra vida sea mejor. Y ese es el problema, la apuesta.

El hecho de que apostemos más por otros que por nosotros mismos, hace que un profesional se convierta en un vendehúmos.

Sé que es un poco confuso esto que te estoy contando, por eso quiero explicarte bien este juego, y cuál es el juego oculto que hay detrás de él.

El Comecocos, en el juego, no es precisamente el malo del juego, sino el que tiene que lograr comerse a todos los puntitos del laberinto.

En el mundo digital, pasa un poco lo mismo. Un vendehúmos no se autodenomina como tal, es más, no hay cursos especializados para vendehúmos. Simplemente, tienen una ilusión mal enfocada y desarrollada.

Y es que, como todo en la vida, hay muchas personas que se atraen por las cosas que brillan, y el emprendimiento digital ha brillado mucho, y eso ha hecho que muchas personas fueran atraídas por ese brillo.

Poder emprender desde donde quisieras y encima ganar dinero, era la fórmula más sencilla para atraer a cualquier tipo de persona. Y es que, generalizar en algo y hacer creer que todo el mundo tiene la capacidad para crear dinero al mismo tiempo, es como decir, que todos los seres humanos somos iguales, sin ninguna especialidad.

Cada uno de nosotros brilla por sí solo, pero antes de poder conseguir todo esto, hay un proceso, que la mayoría de las personas no han seguido.

Pero para explicarte de dónde nacen los llamados vendehúmos, es importante que entiendas ese proceso, el que vive cerca de cualquier vendehúmos, aprende de sus estrategias hasta convertirse en uno, verás cómo ahí empezarás a comprender el juego oculto que se esconde detrás del Comecocos.

Cuando somos pequeños, y aprendemos a montar en *bici*, estamos deseando enseñárselo a otros niños para que, junto a nosotros, también aprendan a montar en bicicleta. Queremos explicar lo gratificante que se siente al poder conducir una. Deseamos que otros aprendan al igual que nosotros hemos aprendido. Así que le daremos los trucos que a nosotros nos ha servido, pero sin entender, las capacidades y habilidades que esa persona pueda llegar a tener encima de una bicicleta. No conocemos sus miedos, ni tampoco sus barreras. Por eso creemos que enseñándoles lo mismo que a nosotros nos ha servido, será suficiente para que aprenda a montar en *bici*.

Es posible que con muchos lo consigamos, pero con otros no, y pensaremos que el problema lo tiene el niño que no aprende. Y la verdad, es que no tiene el problema ni el niño, ni nosotros. Pero tampoco nos paramos a pensar por qué no aprende a montar en *bici* como el resto. Preferimos seguir con la generalidad y abandonar a los que no aprenden con la misma facilidad.

Ahí es donde nos convertimos en vendehúmos. Nuestra intención no era mala, al revés. Queríamos de corazón que esa persona aprendiera a montar en *bici* y disfrutara como nosotros. Pero nuestra capacidad llegaba para enseñarle a un tipo de personas, no a todas. Y ahí es donde empieza el error.

No podemos tratar a todas las personas igual.

“Ana, y tú, todos los mentores que has tenido tienen en cuenta quiénes entran en sus cursos”.

A ver, he tenido mentores que eran psicólogos y tenían la capacidad de saber qué tipo de personas eran las que entraban y, por tanto, analizaban la estrategia en base a eso. Sin embargo, he tenido mentores que, al decir la promesa, aclaraban que el resultado dependía de uno mismo. Podían enseñarte a generar tus propios ingresos, siempre y cuando fuera eso lo que querrías conseguir.

Lo que siempre he valorado en mis mentores, es la transparencia, y como te decía, que fueran personas que también invertían en su formación. Muchos de ellos lo hacían con mentores de otros países, lo que ayudaba a traer una mentalidad diferente y adelantada a lo que había en ese momento en nuestro país.

Al final, cada uno de ellos me ha hecho avanzar años luz, lo que yo no hubiera conseguido avanzar por mí misma. Cada uno de ellos me ha transformado, pero también, he sido responsable siempre de lo que yo estaba preparada para cada una de las formaciones y por eso, para mí la

formación es algo básico para cualquier emprendedor.

Pero, entiendo que ni la situación ni tampoco las habilidades son las mismas y, por tanto, los resultados no pueden ser los mismos. Cada uno tiene su público, a veces al principio ni sabemos quién es nuestro público. Vamos probando y haciendo evaluaciones hasta finalmente dar con la tecla y, sobre todo, tener claro cómo queremos hacer nuestro propio emprendimiento.

Por eso, yo he sacado lo mejor de cada uno de mis mentores, y sigo aprendiendo cada día de mentores nuevos o de compañeros, amigos y gente extraordinaria que he ido encontrando en este mundo tan maravilloso.

Pero no todo lo que me he encontrado, es de color de rosa. Suena todo muy bonito, pero también hay gente muy envenenada por el dinero. Yo creo que todos queremos dinero, pero en el momento en que el dinero te envenena, dejas de ser quien eres realmente para demostrar constantemente el poder que tienes para conseguirlo.

Y ahí entra de nuevo el juego del Comecocos. He visto también a bastante gente prometer cosas, que ni siquiera ellos habían conseguido. Pero aun habiéndolo conseguido, han prometido cosas a personas que sabían que no podrían cumplir.

En el emprendimiento, he visto ciertas actitudes sectarias. Y está bien tener referentes, pero nunca llegar al fanatismo, no te llevará a nada más que al dolor.

Hay algo que la mayoría de mis mentores tenían y yo he sentido que así era. Y es que eran buenas personas.

"Ana, y cómo distingues las buenas personas de las malas". Es cierto que cuando digo buenas, se sobreentiende que hay otras que son malas. Pero en realidad, no siento que haya personas buenas y malas, sino buenas personas y personas erradas.

Hay mucha gente que sufre por otras personas, he visto egoísmo, he visto maltrato, he visto y sentido desprecio, pero como se suele decir, si no permites sentir eso, la otra persona, por más que quiera, no logrará hacerte daño.

El problema, es que nos encontramos en un laberinto lleno de fantasmas, que no hacemos más que enfrentar. Y a lo mejor, a veces, no es cuestión de enfrentar, sino de hacerlos desaparecer, porque será la forma más sencilla de poder continuar jugando.

Y aquí está el juego oculto del Comecocos. No se trata de no ser un Comecocos, no se trata de no jugar, se trata de jugar y hacer desaparecer esos fantasmas que nos aparecen en nuestra cabeza, pensando que somos víctimas de una vida. Siendo y sintiéndonos los más fracasados, y haciendo, por tanto, que cada fantasma que aparece en nuestra vida cobre la fuerza suficiente como para ser capaz de tocarnos y matarnos.

Y te lo dice una persona, que lleva la justicia por bandera. Yo he sido de las que cada bolita que me comía en ese laberinto aparecía un fantasma que yo misma creaba en mi camino. No me llegaba a tocar, pero me enfrentaba. A veces hasta parecía que lo seguía.

Muchos de los fantasmas que iban apareciendo en mi camino, ni siquiera me pertenecían. Pero yo los atraía, y eso hacía que me estancara enormemente en mi emprendimiento.

Aprendí que, si yo dejaba de ver fantasmas en ese laberinto, podría avanzar y terminar el juego que había empezado.

Sí, llevo la justicia por bandera, pero también la competición. Y cuando decido empezar un juego, no puedo dejarlo sin terminar la partida.

Sabía que el camino me estaba enseñando algo, pero era incapaz de verlo. Hasta que no haces que tus ojos vean más allá de lo que tienes enfrente, no serás capaz de ver la salida.

Tienes que elevarte para realmente ver el juego desde arriba, y no desde dentro. Ese es el secreto para ganar la partida del Comecocos.

Si te sumerges tanto en la partida como para no ver al resto de fantasmas, el laberinto y ni siquiera los puntos, estás perdido y bloqueado, por lo que, o te liberas pronto o caerás en una rueda constante de fantasmas en tu vida.

Cuando decidimos emprender, lo hacemos solos. Podemos montar empresas con socios, incluso proyectos. Pero la idea de emprender es la de echarle dos huevos al asunto y decir: “Aquí vamos con lo que haga falta, pero yo quiero cumplir con mi propósito”, aunque todavía no lo sepas, pero sabes que quieres hacer algo, y ahí empiezas tu partida del Comecocos.

Por eso, es importante que entendamos, que cuando empezamos a ver fantasmas en el camino, es porque le estamos dando más importancia a lo que el resto de las personas piensan de nosotros que a lo que realmente nosotros sentimos que somos capaces de hacer.

Y es posible, que un fantasma te pille por sorpresa, que ni siquiera te lo esperes, y con ello, el disgusto de tu vida. Pero recuerda, que son solo fantasmas. Tú decides cuánto tiempo quieres que estén en el laberinto, porque al final, tú los has creado.

Se dice, que eres la media de las cinco personas con las que más tiempo pasas. Normalmente se suele decir esto por temas económicos. Pero también es importante verlo desde otro punto de vista. Está claro que, si ganan dinero mejor que mejor, pero si son buenas personas, entonces, tú también lo serás.

Preocúpate de rodearte de buenas personas, personas que te ayuden, que estén cuando lo necesites, y te aseguro que los fantasmas desaparecerán mucho antes que si lo haces sola o con gente que no te aporta tanto.

La vibración de las buenas personas es una vibración alta. Por eso, es muy complicado que cuando tu entorno vibra alto, tu vibres bajo.

Y, por supuesto, no pretendas vibrar alto, si las personas con las que te rodeas, tus mentores, amigos, familia, vibran bajo, será muy complicado que consigas vibrar alto.

Todos tenemos aprendizajes que superar en la vida. Y prefiero decir aprendizajes que problemas, porque los problemas tienen solución, los aprendizajes tienen enseñanza, y yo prefiero aprender al hecho de que me resuelvan la vida.

Este capítulo, es uno de mis preferidos, porque al final, los "malos" no somos otros que nosotros mismos. Y a veces nos encanta escuchar que tenemos razón, que mala persona es pepito, que malvado es fulanito. Cuando en realidad, los más malvados con nuestra mente somos nosotros mismos, y cuando nos damos cuenta de ello, todo cambia.

Recuerda, cuando sientas que alguien te está atacando, o te está haciendo daño, si lo permites, estarás creando tu propio fantasma de tu laberinto.

Disuelve rápido esa emoción, y serás capaz de llegar mucho más rápido al destino deseado.

EL JUEGO DEL CALAMAR

Hace no mucho, la gente empezó a hablar de una serie en Netflix que se estaba haciendo viral. Esa serie se llamaba “El juego del calamar”. Con curiosidad, empecé a ver esa serie de la que todos estaban hablando.

Desde el principio me llamó la atención. Y lo hizo, porque todas las series que esconden algo oculto, me genera intriga. ¿Será por eso por lo que este libro se titula *El juego oculto de la digitalización*? Es posible.

El caso es que, me recordó mucho al trasfondo que tenía la película de Saw, el ver cómo la gente, sea de don-

de sea, hace lo que sea necesario por dinero. Siempre y cuando no lo tenga claro. Si tienes dinero, no lo ves como una necesidad, ya lo tienes.

Es curioso, como hay personas que cuando tienen pocos recursos, y tienen dinero en la mano, lo gastan para poder generar más y más, perdiendo al final, lo poco que tenían. Y es que, el dinero es un potenciador. Si eres alcohólico y tienes dinero, beberás más. Si eres un ludópata con dinero, jugarás más. Y si eres un empresario, generarás más trabajo y, por tanto, más dinero.

¿Cuántas personas hay en el mundo adictas al juego? Pues posiblemente todos tengamos un poco de adicción al juego, en mayor o menor medida. El hecho de que veamos que tenemos una oportunidad, por muy pequeña que sea de poder solucionar los problemas económicos con una apuesta, hace que, nos juguemos una y otra vez nuestro dinero, por si toca.

Estoy segura de que esta frase te suena "Bueno… es por si toca" o, "¿a ver quién es el valiente en una empresa de no jugar a la lotería de Navidad cuando todos mis compañeros están jugando el mismo número? ¿Y si toca?". Prefieres pagar esos veinte euros del décimo, que arrepentirte de que no te haya tocado. Y ahí es donde está el gancho para que juegues. En que pienses que pierdes la oportunidad de tu vida si no juegas.

Pues todo ese trasfondo, es lo que me enganchó a la serie. Ver qué es lo que nos mueve, y qué estamos dispuestos a jugarnos por la oportunidad de tener la vida resuelta en cuanto a dinero se refiere.

Seguro que alguna vez has hecho preguntas a tus amigos y viceversa estilo: ¿estarías dispuesto a que te cortaran

un dedo por un millón de euros? En ese momento, prácticamente todos, contestamos que sí. ¿Qué es un dedo? Podría seguir viviendo, pues que me lo quiten.

El juego del calamar, básicamente, consiste en jugarte la vida con más de cuatrocientas personas para que solo una persona gane la cantidad suficiente para no tener que preocuparse en varias generaciones por el dinero.

Pero claro, mientras uno gana, el resto muere. Al principio, no eran conscientes de que su vida corría peligro, sino que simplemente jugarían para ver quién de todos los jugadores era el mejor y se podría llevar ese bote lleno de dinero.

Para jugar y poder ganar dinero, todos estamos dispuestos, pero cuando es tu vida la que está en juego, la cosa cambia.

Sin embargo, en la serie, como seguramente en la vida real, había gente dispuesta a morir por ese dinero. Es como no verle sentido a la vida sin dinero. Y el problema es que, en la vida, el dinero juego un gran papel, y muchos estamos dispuestos a lo que haga falta. Es más, hay muchas personas que se suicidan por temas de dinero. ¿Cómo no iban a jugar a muerte por conseguirlo? Y, ¿cuántos asesinatos hay por deudas, o por préstamos en bandas, o por falta de pago? ¿Cuántas familias hay que se rompen por tema de herencias, es decir, por dinero?

Y es que el dinero, a veces nos lo venden como algo malo. Pero el dinero no es malo. Somos nosotros los que no sabemos gestionarlo y mucho menos a generarlo.

Por eso mismo, en la parte digital, los *webinars* o cursos que más éxito tienen, son los que te prometen ganar dinero. ¿Quién quiere una vida saludable sin dinero? ¿Quién quiere ser feliz sin dinero? Pocas personas entienden un mensaje en el que no haya una ganancia de por medio. Así que lo más sencillo es poner un título llamativo, como en el juego del calamar, que haga que la gente lo deje todo para poder saber los tres secretos de un millonario. Al final, pensamos que invertir una hora de nuestra vida para saber cómo ser millonario, es una gran inversión de nuestro tiempo, porque nos dirán cómo recuperarlo.

La mayoría de las personas que nos digitalizamos, y digo nos, porque yo también me incluyo, lo hacemos por dinero. Porque creemos que, en el mundo digital, todo es más fácil, pero, sobre todo, más económico. Y he de decirte, que el mundo digital, posiblemente haya conseguido que los precios puedan llegar a ser mucho mayores que en el terreno físico.

Y eso es algo que me fascina. Quiero explicarte con un caso real y práctico qué es lo que más me fascina de que los precios en el mundo digital, en ocasiones sean tan elevados a diferencia que en los negocios físicos.

En 1960, posiblemente las casas no valían más de mil pesetas. Y me dirás: "Claro Ana, pero eran otros tiempos, antes mil pesetas eran mucho". Te aseguro que ni la décima parte de quinientos mil euros, que es el valor de una casa normal hoy en día, es mucho dinero.

Con los años, esas casas empiezan a subir, pero poco a poco. En 1980 las casas ya podrían estar en unas quince mil pesetas. Una casa exactamente igual, valía quince veces más que hace veinte años. Y nos adaptamos. También te digo, los sueldos no habían subido quince veces más en esos veinte años. Pero bueno, para eso estaban las hipotecas, para que, en menos de diez años, tuvieras tu casa

pagada. Es más, era una época perfecta para poder tener dos viviendas, la de ciudad y la de playa. Era todo perfecto.

Sin embargo, en 2005, una casa, te costaba ciento cincuenta mil euros. Esa misma casa que hace cuarenta años te habría costado seis euros, ahora cuesta ciento cincuenta mil euros. Pero tranquilos, no pasa nada, nos hipotecamos a treinta años, y todo solucionado. Pero por supuesto, tu sueldo, sigue siendo el mismo que hace veinte años.

Llegamos al 2021, donde una casa, con las mismas características de 1960, es decir, de nueva construcción, en el centro de Madrid, te cuesta quinientos mil euros. Y posiblemente, tu sueldo, siga siendo el mismo.

¿Por qué te pongo el caso de las casas, el cual, seguro que ya conocías? Pues porque me parece fascinante, la capacidad que tenemos de pagar más por las cosas que realmente queremos. Podemos quejarnos o verlo desde un punto de vista en el que tú también puedas sacarle partido. Es la mirada con la que quieras verlo.

Todos somos capaces de vender algo y ponerle nosotros en valor un precio, donde haya personas que están dispuestas a asumir. ¿Pero qué es aquello que puedes dar que realmente tenga tanto valor?

La cuestión no es que tenga el mismo valor que el de una casa. Lo importante es que tenga el valor suficiente para que la gente pague cada vez más sin pararse a pensar lo que pagaba en otro sitio o en otro momento de la historia.

Eso es lo que me parece fascinante. Y todo esto es donde se oculta el juego del calamar.

Algo que he aprendido con el emprendimiento digital, es que la capacidad de generar dinero es brutal, pero hay que saber entender a las personas y comprenderlas. Las personas, estamos dispuestas a hipotecarnos si hace falta, al que nos dé luz, esperanza y, sobre todo, la llave para conseguir nuestros sueños, nuestros proyectos, nuestro legado. Si eres capaz de conseguir todo esto, en dinero, es mucho más fácil llegar a las personas.

Por eso siempre títulos como *Los tres secretos para facturar tu primer millón*, hacen, que, a pesar de que están muy utilizados por la mayoría de los emprendedores digitales, la gente siga teniendo interés, porque lo ven como una apuesta.

"Entonces, Ana, ¿me estás diciendo que tengo que vender ilusión y hacer como la lotería, que luego no toque nada?".

Para nada. Es más, te voy a contar algo. El hecho de que ofrezcas lotería y que solo uno se lleve el premio, hace que la gente, con el tiempo, no te compre. Porque como apuesta está bien, pero la desilusión que genera el que ellos no son ganadores, deja una herida difícil de sanar y, por tanto, no creerán en sus posibilidades, huyendo de todo aquello que les puede volver a generar ese mismo dolor. Si no hay resultados no hay clientes. Habrá nuevos apostantes, que caigan de nuevo en la puesta del *webinar* y luego en la compra del producto. Pero sin casos de éxito, tu negocio, literalmente, tiene los años de vida contados.

No se trata de enganchar a las personas por un título ni de hacer todas las estrategias de *marketing* posibles sin resultados. Se trata precisamente, de que tus clientes, consigan esos resultados que tú prometiste en ese *webinar*.

"Pero entonces, es mejor no hacer ninguna promesa, ¿no?".

Si quieres que realmente tu negocio crezca y facture cada vez más, deberás hacer alguna promesa, porque sin ella, no habrá personas que confíen en ti ni que apuesten por ese proyecto. ¿Has comprado algo que pongan "A lo mejor funciona"? No, ¿verdad? Tienes que tener la certeza de que lo que compres va a funcionar. Si no es seguro, no lo compras, porque no vas a invertir en alguien que no se compromete a darte resultados, ni siquiera se compromete a que funcione. Por eso es importante la promesa.

Pero lo más importante, no es solo cumplir la promesa, sino transformar a esa persona. Y no te hablo de una transformación posterior al pago del producto, sino a una transformación previa, ya que les generará una deuda para contigo y, por tanto, es más factible que te compren el producto, porque ya se han transformado.

Hay grandes observadores en el mundo digital, y hay uno que he tenido el placer de que me haya podido mentorizar. Los ojos de David Sobrino, son ojos, que están directamente conectados con la parte estratégica de su cerebro, y hace precisamente que, tras cientos de estrategias para diferentes *webinars*, pudo observar la importancia de realizar una transformación previa al evento, para no solo cumplir con el porcentaje de transformación medio, sino poder llegar a ese público que no se decidía por comprar.

Si a un cliente, no le transformas en el momento de la venta, llamémosle lanzamiento, *webinar*, reto, lo que quieras, posiblemente, no te compre.

Nos han estado diciendo constantemente que no tenemos que dar contenido, que tenemos que emocionar para vender que, sin emoción, no hay venta. Pero no solamente es la emoción, sino la conciencia de sentirte transformado para poder ofrecer eso que hay en ti y ser multiplicado.

El contenido, lo tienes que dar, y cuanto más valor, mejor, porque es ahí cuando se van a transformar. Pero no se trata de dar una clase. Es ese contenido el que hace que la gente siga igual. El hecho de que tú enseñes algo desde la teoría, sin que haya práctica, hace que no exista una transformación. Por eso nos dicen que no demos contenido, porque no serás capaz de que exista la transformación al momento, sino una vez lo prueben, y ya será demasiado tarde para la venta.

El dinero en el mundo digital es algo más que dinero en sí. Es algo que no se ve, algo en lo que la gente confía, donde la gente siente que pone su vida al completo. Si no fuera así, ¿por qué el Bitcoin vale lo que vale? Porque ha superado la barrera de la confianza. La gente gana dinero con ello, y muchos se han hecho millonarios gracias al Bitcoin. Las personas que entran a invertir piensan dos cosas: "Esto es algo que me puede dar dinero rápido", y la otra es: "¡Qué pena no haber entrado antes!".

Es la ilusión y la lamentación al mismo tiempo. Por eso, las personas que realmente no confían en ellos y no confían en el proceso, salen antes de tiempo, se rinden, y dejan de ganar dinero. Ese fue el motivo de que miles de personas cuando se desploma en Bitcoin, sacan lo que tienen, aceptan la pérdida, y se lamentan cuando vuelve a subir.

El mundo digital es una gran oportunidad para hacer subir el valor de las cosas, pero no solo el de otras personas, sino para subir también el valor de tus productos o servicios.

Durante mis más de 14 años trabajando como empleada, y de la que me considero una afortunada por la conside-

ración que han tenido conmigo, el poder subir de puesto y subirme varias veces mis ingresos, he podido ver que, en tan solo tres meses, he ganado lo que generaba en un año. Y eso, lo puedes conseguir emprendiendo en el mundo digital y, por supuesto, teniendo la cuenta cada uno de los juegos ocultos que hay en ella.

Y lo maravilloso de todo esto, es precisamente, que todo sube, es cierto que lo que puedes pagar por unas mentorías, por un buen mentor, posiblemente es lo que te cueste un coche. La diferencia está, en que el coche te lleva y te trae de donde tú quieres, mientras que el mentor te lleva a donde tú quieras ir. Por eso tiene ese valor, y quien sepa darse valor a sí mismo, y hacer que la gente lo vea, tendrá la capacidad de subir sus ingresos, ya que será capaz de aumentar el valor de sus productos o servicios.

El mundo digital, no es tan racional. Y mira que yo soy racional. Pero no es cuestión de decir, te vendo un chicle por mil euros. Y que la gente diga: "Si hombre, voy a pagar por un chicle mil euros, ¿estamos locos?". Es el hecho de transformar un simple chicle en el mejor chicle del mundo para poder decir: "Te vendo un chicle que te hará saborear aquello que quieras, que te dará ese poder que tanto necesitabas y, sobre todo, cada vez que lo mastiques te llevará al sitio que tú elijas. Y tienes la gran suerte, de que hoy, lo puedes conseguir por solo mil euros". Como ves, no es el mismo mensaje, porque no estás vendiendo un chicle cualquiera, que lo puedes conseguir por cinco céntimos, estás vendiendo EL CHICLE.

El dinero, no deja de ser una ilusión. No es real, nada es real. Es lo que tú quieras ver como realidad. Mientras que antes el cambio era a través de trueque, decidieron inventar la moneda y con ello el dinero. Y ahora han inventado el Bitcoin.

Todo en esta vida, es el valor que tú le quieras dar. Lo que pasa, que desde siempre hemos visto al dinero como la solución de todo y a la inversa, la generación de todos los problemas. Entonces cuando tú tienes un amor odio hacia algo, eso lo atraes al igual que repeles.

He leído varias veces, que el dinero es energía. Pero en realidad, el dinero es lo que tú quieras que sea. Intercambio, poder, fuerza. Es algo que se inventó, y por lo que ahora, millones de personas nos esforzamos por conseguir.

Y es que, el principal error que cometemos, es pensar que nos merecemos más de lo que ganamos, y no hacer nada por conseguirlo.

Yo he visto durante años, cómo la gente se ha quejado cada mes con lo que cobraba. Yo era la primera. Y no te voy a decir que salí escopetada al primer mes, porque hasta que no llevé catorce años no tomé la decisión de marcharme de un trabajo, que te voy a decir más, estaba muy, pero muy cómoda para aquel entonces, pero sabía que, si no lo dejaba, jamás tendría los ingreso que realmente quería generar. Y así fue.

Y no te digo que dejes de trabajar, simplemente que busques opciones que, si crees que debes ganar más, es porque sabes que hay una opción para poder hacerlo. No tienes la vida que te ha tocado, sino la vida que tú mismo has creado. Así que al igual que la creas, la puedes modificar. Ahí está el secreto de todo, el juego oculto del juego del calamar.

No dejes la apuesta para que te toque la lotería, genera tu propia lotería. Y verás, cómo detrás de este mundo digital tan desconocido, se encuentra una vida completamente diferente.

Recuerda, no se trata de generar dinero en el mundo digital, sino de ser capaz de poner valor a lo que eres y puedes hacer.

EL MONOPOLY

¿Sabes cuánto ha costado la *pizza* más cara del mundo? Diez mil Bitcoin. A lo mejor no sabes el valor que tiene actualmente el Bitcoin, pero está por encima de los 50.000 €. Pero lo mejor de todo, es que esa *pizza* se compró en el 2010, y en once años, ha aumentado su valor de forma exponencial. Fíjate, cómo en tan solo ese tiempo puede subir el valor de algo tan intangible como un Bitcoin.

Y precisamente, de eso te quiero hablar en este juego. El Monopoly, no es más que la vida misma, la realidad.

Cómo a través de la inversión, en este caso, inversión en comprar calles, puedes llegar a construir un complejo de casas para que cada vez que un jugador pase por tu calle, te pague por estar en tu propiedad.

Aunque es un juego, es lo que sucede en la realidad. Quien lo inventó, ya te digo que no tuvo mucha creatividad creándolo, pero es interesante, cómo hasta la vida misma la podemos convertir en un juego.

Las primeras calles, son las más económicas. Según vas avanzando por el tablero, las calles adquieren un mayor valor. Pero también una renta superior si alguien cae en esa casilla.

Así que, la primera cuestión es, qué inversiones te gustaría hacer con el dinero que tienes. Empezamos con un dinero limitado la partida, por lo que no podemos ir comprando todas las calles por las que pasamos, ya que significaría que, cuando llegues a las más caras, no tendrías dinero para pagarlas.

Y es importante cómo a veces, algo que parece que no tiene valor aparente, consigue ser el que gana la partida. Por eso, es importante jugar tu estrategia. Con esto me refiero a que, si caemos en las primeras calles, es interesante comprarlas. Primero porque son las más económicas y hacerlas crecer te costará poco. Para mí es una de las mejores jugadas del Monopoly.

Y es muy parecido a la estrategia que muy poca gente ha seguido con el Bitcoin. Esta estrategia, es un tema que me encanta y en este capítulo voy a hablarte de la confianza a lo desconocido, y como a día de hoy, a pesar de que ha generado mucha riqueza a muchas personas, sigue habiendo una mayoría que no confían en Bitcoin como moneda de cambio.

El Bitcoin, es la primera criptomoneda que se ha creado, y en la que se han basado el resto. Durante muchos años, se le ha asociado la creación a Satoshi Nakamoto, cuya identificación era desconocida. Hace poco se ha identificado a Craig Wright como persona que estaba detrás de dicho nombre, es decir, el creador del Bitcoin.

Cuando yo empecé a invertir en Bitcoin, recuerdo que estaba en seis mil euros su valor, es más, ese mismo año, llegó a bajar a un valor de tres mil euros cuando había alcanzado casi su máximo en diez mil euros.

Como todo lo que llega por primera vez a mi vida, y que me genera interés, empiezo a investigar, a aprender y, sobre todo, a informarme. Por eso mismo, ese año me empapé de información sobre la creación y cómo se generaba el Bitcoin, y te aseguro que es increíble la cantidad de variables que pensaron para su creación.

Lo primero que te voy a decir, es que el Bitcoin es como una revelación al sistema económico actual. Es la moneda que no está controlada ni por los bancos ni por el gobierno. Como se suele decir, es la moneda del pueblo.

Mientras que el Bitcoin no tenía repercusión, ni los gobiernos ni los bancos se han preocupado de ella. Pero ahora que sí la empieza a tener, empiezan a ver la forma de destruirla o de crear nuevas formas de estar en esta nueva economía. Y digo empieza porque, a pesar de su valor tan elevado, solo el 2 % de la población ha invertido en Bitcoin.

Aun así, los gobiernos ya empiezan a tomar medidas fiscales, a pesar, de que todavía desconocen mucho la capacidad de controlar las entradas y las salidas de las *exchanges*. Las *exchanges* son como los bancos de las criptomonedas. A través de estas plataformas virtuales, se pueden intercambiar diferentes criptomonedas e incluso, pasarlo a euros, y transferirlo a tu banco. Cada *exchanges*, al igual que los bancos, tienen unas comisiones diferentes. En este caso, muchas veces la comisión va en función a la seguridad que tienen frente a los *hacker*.

Ten en cuenta, que la ciberseguridad en las criptomonedas, es algo fundamental, así que te voy a contar qué se esconde detrás de su creación y cómo se genera un Bitcoin.

Para el dinero físico, las diferentes divisas, los bancos y los gobiernos son los que determinan el dinero que se tiene que crear. Básicamente, la economía, hasta el día de hoy, estaba controlada principalmente por los bancos y los gobiernos. El dinero, se puede crear cuando quiera. Para eso está la casa de moneda y timbre. Pero cada vez más, los pagos se realizan a través de métodos digitales. No hace falta tener un Bitcoin para poder pagar desde el móvil o para pagar con tarjeta. Por lo que la transacción de ese dinero únicamente queda reflejada en las cuentas de los diferentes bancos que realizan dicha transacción. De esta forma, la creación del dinero físico, es infinita.

Sin embargo, el Bitcoin, es finito. Es decir, desde que se creó, se estableció que solo se podrían crear veintiún millones de Bitcoin. Ya solo por eso, el valor del Bitcoin aumenta. Es como la del oro. Yo siempre he oído que, si tengo que invertir en algo que lo invierta en oro, y uno de los motivos de que el oro sea un bien en el que invertir, es porque es finito, y eso aumenta su valor.

Es como en el Monopoly, cuando una persona adquiere toda la calle, ya no puede comprar más calles del mismo color y, por tanto, solo por tener todas las calles, aumenta de valor.

Y ahora viene la parte en la que te cuento cómo se crea un Bitcoin. El Bitcoin se crea a través de la *blockchain*. Sí, lo sé, son todos nombres raros, que a lo mejor te suenan, pero que nunca has sabido su significado real. La *blockchain*, es un sistema de cadena en bloques. Es como un enorme libro de registro de cuentas. Como los libros contables de las empresas, pues en este caso igual, pero del Bitcoin. Cuando anteriormente te comentaba el ejemplo de que una transacción digital quedaba registrada para los bancos que la habían ejecutado, en el caso del Bitcoin sucede lo mismo, pero siendo un sistema mucho más seguro y veraz que el que nos puede dar un banco.

Cada bloque, que se crea, es un Bitcoin. Para poder crear un Bitcoin, deben resolverse una serie de cálculos matemáticos y cada vez es más complejo, por lo que lleva más tiempo. Para poder minar un nuevo Bitcoin, es necesario resolver el resto de cálculos y así averiguar el nuevo cálculo matemático. Por tanto, la rapidez con la que se han minado hasta ahora los casi diecinueve millones de Bitcoin no es la misma velocidad que para terminar los restantes dos millones que quedan, ya que se prevé que se termine de minar en el 2040, donde en el último año, se minará un solo Bitcoin.

¿Ves el potencial que tiene? Sabes el valor que puede llegar a alcanzar ese último Bitcoin en minarse.

Para minar los Bitcoin, se necesita muchísima electricidad. Es más, se dice que el Bitcoin consume más energía que lo que consume Suiza como país. Eso hace, que los mineros de Bitcoin, inviertan una cantidad importante de dinero para poder conseguir minar un Bitcoin.

"¿Y por qué les interesa a los mineros minar Bitcoin?".

Porque cada vez que minan un bloque, se les da una recompensa en Bitcoin, saliendo nuevos Bitcoin a circulación.

Uno de los motivos por los que se creó el Bitcoin, es para poder romper con las grandes comisiones y la lentitud que los bancos ofrecen para mandar dinero al extranjero. Con el Bitcoin, esas grandes comisiones desaparecen, y el dinero llega pasados unos minutos.

Para mí, el Bitcoin, es una revolución increíble en el mundo digital, y algo que confirma, que el mundo digital es más importante de lo que pensamos.

Y ahora vamos con el juego oculto del Monopoly. ¿Qué se esconde detrás de todo esto? Pues es muy sencillo. Llevamos cientos de años, dependiendo de los gobiernos y los bancos que son los que principalmente gestionan la economía de cada país. Ahora, hay una nueva ecuación que se les escapa de las manos.

"¿Qué es más seguro?".

Pues al final, siempre digo lo mismo. En esta vida, no hay nada cierto ni incierto. Todo es como cada uno quiera verlo, y quiera imaginarse el futuro. Hay personas que, con razonamientos técnicos y documentados, aseguran que el Bitcoin no tiene futuro. Sin embargo, también hay personas documentadas que aseguran que el Bitcoin es el futuro. Y bajo esa controversia, sigue habiendo un 98 % de la población que prefiere seguir pensando que está más seguro su dinero en el banco que en algo etéreo y digital como las criptomonedas.

Pero hay algo importante que quiero que sepas. Fíjate sí el *blockchain* es seguro, que no solo sirve para las criptomonedas, sino que es unos de los sistemas más seguros que

hay para la transparencia de las cuentas. Es más, se podrían realizar los votos a través de un sistema *blockchain* y sería mucho más fiable que el sistema tradicional. A través de este sistema, se están empezando a firmar contratos de forma telemática con los llamados *Smart Contracts*, donde aseguran incluso, que tiene más fiabilidad que un notario.

La próxima vez que te digan que te pagan con billetes del Monopoly, no te lo tomes tan a la ligera, porque a lo mejor han creado una economía paralela con billetes de juego que fluctúa de tal forma que empieza a adquirir un valor superior por el que lo compramos.

Y es que, este tema, tenía que estar en este libro, porque al final, no deja de ser algo digital y que posiblemente haya venido para quedarse.

Yo ya he hecho varias tiendas *online* con pago en criptomonedas, y he asesorado a otras personas cómo deben de presentar los beneficios fiscales en Hacienda. Por lo que, ya es un elemento más en la economía global. Es más, los bancos tienen inversiones en criptomonedas y también empiezan a crear sus propias *token*.

Y es que, ahora viene un nuevo modelo, que es la *tokenización* de empresas. Al final, se encarga de crear una moneda con unos valores, y acorde principalmente, a una comunidad que invertirá en esa moneda. De hecho, es muy interesante para las empresas, y puede ser un modelo interesante para generar más ingresos dentro de ella, con beneficios para los clientes e incluso, para sus empleados.

Las criptomonedas, como todo en el mundo digital, han venido para revolucionar y cambiar el mundo. De nosotros depende de que la dirección sea más o menos ética, pero revolucionarlo, lo van a revolucionar.

Para entender mejor esto de la *tokenización* te lo explicaré de una forma fácil. Cuando nosotros adquirimos en el Monopoly, un conjunto de calles, es como si creásemos un *token*, donde, cada vez que añadimos una casita, el valor del *token* aumenta.

Qué hay detrás de todo esto, ¿cuál es el juego oculto? El secreto, como en todo, es la de generar dinero y crear una economía diferente. Todos estamos cansados ya de lo mismo, cada vez nos gustan menos las reglas, pero porque cada vez las entendemos menos. Es cierto, que tal y como está hecha la sociedad, no tenemos el tiempo que deberíamos para pensar en cómo cambiarlo, en cómo mejorarlo o cómo revelarnos. Y precisamente por falta de tiempo, nos acomodamos en una falsa comodidad. Una comodidad que nos hace creer que, para generar un cambio, tenemos que dejarlo todo y "esforzarnos". Así que preferimos seguir quejándonos, pero sin hacer nada por cambiarlo. Y creemos que así está mejor.

Yo no te voy a engañar. Puedes hacer cosas sin esfuerzo y que sean buenas o hacerlas con mucho esfuerzo y no sean tan buenas, y viceversa. Lo que está claro, es que hay muchas cosas que tenemos que aprender, y hay mucho juego oculto en todo ello.

Lo que sí te recomiendo, es que no te conformes con cualquier cosa. No se trata de revelarte, ni de estar haciendo cosas que no sientes. Eso es lo que nos han hecho creer. Tampoco se trata de ganar dinero sin hacer nada, que es el nuevo juego oculto.

Cuando estás dentro del mundo digital, te das cuenta de los mensajes de *marketing* que se utilizan, y cómo otros, se aprovechan de la inocencia de las personas de generar

dinero sin hacer nada. O como en el capítulo del Comecocos, personas que ni siquiera son conscientes de que están siendo un fraude para la sociedad.

Cada uno de nosotros tenemos una intuición, a la que podemos hacer más o menos caso. Pero cuando nos hablan de dinero fácil, suceden dos cosas, los que no se creen absolutamente nada y no escuchan. Y los que escuchan y se lo creen todo. Pocos escuchan, valoran, intuyen y accionan en función a lo que sienten. ¿Que nadie nos lo ha enseñado? Pues es cierto, por eso accionamos como lo hacemos, porque no sabemos hacerlo de otra forma. Así que movemos como está acostumbrada la sociedad en accionar normalmente, desde la queja.

Y ahí está el juego oculto de la economía. Mientras unos se quejan y no hacen nada, otros siguen haciendo dinero a costa de los demás. Unos con unos valores y otros con inteligencia, pero con poco valor. De ahí que haya esa dualidad tan radical entre los que escuchan todo y no escuchan nada.

Hoy en día, es bastante fácil hacer dinero a costa de otros. He tenido muy de cerca a muchos *Ponzis* (estafas piramidales), incluso he invertido en alguna. De ahí que tenga bastantes conocimientos sobre criptomonedas, y crea que es el futuro, Pero he visto también muchos negocios que se han aprovechado de ello, y que han timado a muchas personas que apostaron todo lo que tenían por tener ese mundo que les prometieron que tendrían. Es por ello que te recomiendo, que siempre tengas el dinero en tu poder. Nunca, bajo ningún concepto, te quites la libertad de sacar el dinero siempre que lo necesites. Ni siquiera al banco. En el momento que tú pierdes el control de tu dinero, dalo por perdido, porque no habrá forma de recuperarlo.

Y en un banco, pues es lo mismo. Nada en esta vida es seguro. Y dejar tu dinero en manos de otros, es hacer que ellos puedan generar más dinero con ello, mientras que tú no tienes acceso. Es mejor que inviertas en algo que te genere dinero y que tengas acceso, que dárselo al banco por un porcentaje mínimo de interés al año. Cualquier inversión te dará más dinero que un banco, y será incluso más seguro.

Hoy en día, hay millones de formas de invertir que te pueden generar bastante retorno.

Hay inversores que te recomiendan que inviertas un diez por ciento de tus ingresos. Si la inversión es segura, hazlo sin problema. Es una forma de ahorrar a la vez que tus ahorros te generan mayores ingresos.

"Ana, pero es que me cuesta llegar a fin de mes, ¿cómo voy a invertir un diez por ciento?".

Entonces, empieza a preguntarte: ¿por qué? Porque te has conformado con un trabajo en el que te pagan poco. Si te falta dinero para llegar a fin de mes, es porque tu nivel de vida necesita unos ingresos superiores, así que, ¿cuál es el motivo para que no estés generando la vida que quieres?

Es importante que hagamos reflexiones con lo que no estamos satisfechos, porque nos ayudarán a ponerle remedio para conseguir realmente el resultado que merecemos.

A partir de ahí, decide si quieres ser de los que se quejan sin hacer nada, o por lo menos, empezar a cuestionarte la forma de poder generar eso que falta. Si lo prefieres, puedes ser de las personas que quieren cambiar eso y ganar lo que te mereces ganar.

Recuerda, en el Monopoly, no solo se trata de comprar las calles más caras, sino de empezar jugando con la estrategia de comprar esas primeras calles en las que caigas para iniciar a generar dinero. No hagas lo que hace todo el mundo. Piensa por ti mismo, genera tu propia economía, tu propio Monopoly, y habrás resuelto su juego oculto.

EL PÓKER

Es tu turno, ese momento en el que todos te miran, sientes que cualquier cosa que hagas está siendo analizada. No sabes si mentir o decir la verdad, lo único que quieres es ganar. Desconfías de tus habilidades, sientes que te van a pillar, así que haces un *all in*, a pesar de que tus cartas son penosas. Ni siquiera tienes una simple pareja en la mesa, y la gente estaba apostando fuerte.

Pensabas más en ti, que en lo que había sucedido. Has pensado en ganar, te has imaginado cómo sería poder ser el ganador de la partida y llevarte toda la pasta y salir triunfador.

El hecho de ser un deseo sin fundamento y sin motivación aparente, hace que no tenga la fuerza suficiente para que te lo creas y, por tanto, no eres consciente de todo lo que pasa a tu alrededor. Estás siendo solo un simple jugador más, no "El Jugador".

Obviamente, tu *all in* te lo igualan, haciendo que pierdas la partida y salgas del juego, para convertirte ahora, en un mero espectador.

Y así es como la mayoría de las personas vendemos. ¿Sabes por qué se suele decir lo de la suerte del principiante? Esa suerte, en la que un jugador cuando recién aprende a jugar gana la partida. Pues esto tiene una razón, y es que, el principiante, juega sin presión y con ganas de poder jugar para realmente entender el juego y poder seguir jugando.

Esa falta de presión hace que fluya y que disfrute del juego, y consiga observar, analizar y no tener expectativas del resultado. Pero una vez que aprendes, y te lo tomas en serio, pierdes la fluidez y el sentido del juego.

El *Póker* es un juego de venta. Estás constantemente vendiendo tu reacción, haciendo que las personas confíen en lo que estás apostando, para que se echen para atrás o para hacer que apuesten más. Es toda una estrategia para poder ganar.

Si no has jugado nunca, te recomiendo que lo hagas, es un juego muy divertido y, sobre todo, saca aquello que llevas dentro para la venta.

Hay diferentes juegos de *Póker*, pero a mí me gusta el Texas Holdem, que es el que te reparten dos cartas y ponen cinco más encima de la mesa. Con eso debes armar tu propia jugada, sin saber, obviamente, las cartas del resto de jugadores.

Lo mejor de todo, es que todo puede cambiar en el último momento. Hay tres rondas de negociaciones y apuestas, donde vas analizando y valorando la reacción de los jugadores para intuir, si tu jugada es ganadora o no. Aunque he visto a grandes jugadores de *Póker* ganar sin llevar ni una jugada ganadora. Así que lo bueno del *Póker*, es que no siempre tienes que tener la suerte de tu lado, sino saber jugar tus cartas.

Cuando ves las cartas que te han tocado, puedes pensar: "¡Vaya cartas me han tocado! ¡Más malas!", en caso de que te haya tocado un dos y un tres de corazones, por ejemplo, o creer que tienes unas cartas estupendas cuando te han tocado dos ases.

Pero esto es lo bueno del *Póker*, que donde tú piensas que tienes buenas o malas cartas, te ponen encima de la mesa otras, pudiendo convertir las malas cartas en buenas, y viceversa.

Así que nunca dejes de apostar la primera jugada, nunca sabes lo que puede salir en la primera jugada.

Nos pasamos la vida vendiendo, y no somos conscientes. Hemos preferido escuchar a la persona que nos decía que no estamos hechos para vender o, que el vendedor se hace y no se nace. Todos nacemos vendedores, el problema es que no nos lo creemos.

Desde que somos pequeños, tenemos que vender a nuestros padres que nos compren lo que queremos. Tenemos que convencerles, de que esa, es una gran opción. Les vendemos que es mejor comer espaguetis que espinacas.

En nuestra adolescencia, la venta se convierte en el lugar donde te dejan salir con tus amigas. Y con un poco de suerte, venderle a tu pareja dónde te gustaría ir con esa persona. Vendemos si queremos o no casarnos, vendemos qué casa queremos tener. Estamos constantemente vendiendo nuestras ideas, y constantemente comprando las ideas de otros.

Y ahí es donde está el juego oculto del *Póker*, en realmente ser consciente de lo que el otro te está vendiendo y, aun así, venderle tus cartas para ganar la partida.

En el mundo digital entras con muchas ilusiones, con ganas de comerte el mundo y utilizar un medio que te va a ayudar a hacer lo que realmente quieres, y seguir esa corazonada que tienes dentro desde hace tiempo, y que, por alguna razón, nunca te atreviste a dar el paso. Pero ahí estás, valiente y dándolo todo para poder conseguir eso que quieres.

Y llegas, a un mundo nuevo, lleno de luces y muchas personas encantadoras. Como cuando entras a una discoteca o una fiesta, y ves diferentes grupos de personas, y no sabes a dónde ir, por dónde empezar. Hay gente desfasada, gente bailando, gente en la barra aburrida, gente liderando, lo analizas todo.

De repente, se te acerca alguien, muy simpático y empieza a entablar conversación contigo y bueno, lo primero que piensas es, qué majo es este chico, que me ha visto y se ha preocupado de que me vaya con él a divertirme.

Ahí te lleva con sus colegas, y la noche empieza a ser divertida. Y ellos, te comienzan a contar cómo hay que hacer para poder tener éxito en la fiesta. Tú, te quedas mirando atentamente, y te gusta lo que dicen. Hay cosas que

no habías escuchado en la vida. Y ahí viene, el consejo maestro “Para poder tener éxito DEBES…”.

¡Ya lo tienes!, te acaban de instalar la primera droga. A través de la confianza que han generado y, por supuesto, el sentirte visto y protegido, tu cerebro da veracidad por completo a lo que te están diciendo. Además, tiene todo el sentido del mundo. Lo dicen desde la experiencia, porque ya lo han conseguido. Así que genial, ya tienes la solución, ya puedes empezar a disfrutar de la fiesta, porque tienes la clave para tener éxito.

Sin embargo, lo empiezas a aplicar y uf… a ti no te resulta tan fácil como te lo han explicado. ¿Será que no eres suficiente? ¿Será que no vales para esto? ¿En qué momento decidiste entrar en la fiesta?

Y aparecen de nuevo los miedos, las inseguridades y, sobre todo, el creer que ese grupo, no es al que perteneces, porque tú, no eres igual.

Así que te alejas y, ¡sorpresa!, aparece otro grupo, esta vez sí son más de tu estilo. Reconoces palabras, sentimientos, y empiezas a animarte de nuevo. Esta vez has encontrado a tu grupo. Pero de nuevo, la frase maestra. “Para tener éxito DEBES…”.

Y esa frase, llega en el momento perfecto. Sientes que era lo que te faltaba por saber. Así que accionas y nada… sigue sin resultar. Esta vez, la caída es mayor, porque, ¿cómo es posible que siendo personas con las que has conectado, con las que compartes valores y, sobre todo, vibras con lo que dicen, no estés teniendo resultados? ¿Qué te ocurre?

Te apartas de nuevo, y te vas directo a la barra a por un chupito de tequila. De perdidos al río. Y ahí te encuentras a otra persona que, como tú, se acerca a la barra y pide otro chupito de tequila. Le miras y observas que está tan mal como tú. Así empiezas a mirar qué es lo que hace. Ves cómo tiene la cabeza hacia abajo, se bebe el chupito de un trago, y se agarra la cabeza como lamentándose. Esta vez, eres tú quien te acercas y le preguntas: ¿estás bien?

Esa persona sube la cabeza, te mira y te contesta: "¿Eres otro de esos que me va a vender la manera de tener éxito en la vida?".

En un primer momento, te sorprendes, y te cabreas al mismo tiempo. Pero de repente, conectas con su sentir y entiendes que le pasa lo mismo que a ti. Pero también conectas con los que te han vendido su idea de éxito, porque lo han hecho con la intención de ayudarte.

En ese momento, decides volver a conectar contigo, analizar la situación, y simplemente le contestas: "No, solo quería saber si te podía ayudar".

En ese momento, esa persona, te mira, y te pide disculpas. Unas disculpas que comienzan con una conversación eterna y en la que solo con el hecho de escuchar y hablar, ya os estáis vendiendo mutuamente.

Y ahí, conectáis ambos con la respuesta del éxito. Para tener éxito en la vida, tienes que ser tú mismo. Esa es la clave.

Podemos vender a través de un *script* de venta, aprendérnoslo y llegar a conectar con él. Seguir los patrones de psicología aplicada a las personas para conectar en la venta, para saber qué necesitan, buscan y ofrecérselo, pero si no eres tú mismo, te aseguro que no tienes nada que hacer.

Una vez que lo entiendes, te pides una copa de *gin tonic*, y te pones en medio de la pista a bailar. Te da igual lo que

piensen, simplemente disfrutas. Cuando termina la canción, ves cómo la gente viene y te pregunta: "¿Cómo lo haces?", "me ha encantado", "¿quieres bailar luego conmigo?". Y tú empiezas a contestar desde tu esencia. La venta, es tuya.

Hay personas que odian la venta, otros la ven como un arte, y otros, todavía no saben qué sienten por la venta.

Y es que, como cada una de las cosas que explico en la mayor parte de este libro, no nos lo enseñan en el colegio. No se dedican a estimular las habilidades que tenemos de forma innata, ni nos ayudan a potenciarla. Consideran, que la mayor parte de la población, no se va a dedicar a la venta, cuando en realidad, nos pasamos la vida vendiendo.

Si conectásemos con la venta, también lo haríamos con la compra. Es decir, cuando sabes vender, sabes comprar. Y eso ocurre porque realmente valoras otras cosas, aprecias cada uno de los detalles del producto o servicio, valoras a la persona y por supuesto, el precio deja de existir. Compras por valor, no por dinero. Vendes por lo mismo, por la riqueza que aportar, no por dinero que recibes. Y ese, es uno de los errores de la venta, vender por dinero o comprar por dinero.

Cuando tienes claros tus valores, tienes definido qué te pueden vender y qué no. Y viceversa, por supuesto. El valor, lo tiene cada persona, y nadie es mejor que otro, simplemente, son valores que cada uno tiene.

Por ejemplo, en mis valores puede estar: la alegría, el entusiasmo, el disfrute, y para otra persona puede estar la austeridad, la humildad y lo disruptivo.

¿Son mejores mis valores que los suyos? Para nada. Y precisamente, eso hace que yo me compre ropa de colores y la otra persona quizás tire por colores oscuros o negros.

Y en la variedad está lo mágico. Precisamente de eso se trata, de que cada uno conecte con sus valores, su esencia, y no se deje llevar por lo que otros opinen de él o ella.

Está claro, que nunca dejaremos de aprender, y para mí, en los aprendizajes está la sabiduría de las personas. Y es mágico cómo, con cada aprendizaje, te das cuenta de lo poco que sabes y lo mucho que te queda por aprender.

Pero las enseñanzas, no te pueden quitar la esencia, sino todo lo contrario. Dentro de lo que ya eres, debes mejorar lo que ya tienes, pero no cambiar, porque por algún motivo, tienes las habilidades, los conocimientos y gustos, para que entren todos y con aprendizaje, consigas lo que quieres.

Vender es una bendición. No temas a la venta por miedo a que te rechacen. El hecho de que te digan que no, no significa que te están rechazando. Recuerda que, en cada venta, hay un aprendizaje.

He trabajado muchos años en un departamento de ventas. No era el típico departamento de ventas de productos, sino de préstamos personales. Es más, la gente llamaba para preguntar, por lo que al final, solo tenían que informar de las condiciones. Pero ahí me di cuenta de la diferencia cuando se dicen las cosas desde el ser y desde el hacer.

Cuando una persona, desde su ser, consigue ayudar a la persona que está detrás del teléfono, informarle y hacerle el proceso mucho más fácil para que tenga ese dinero, hace que cada mes consiga ser el mejor vendedor. Mien-

tras que otras personas, que están a su lado diariamente, no llegan a objetivos, porque ni le importa la empresa ni tampoco la persona al otro lado del teléfono. Y es justo ahí cuando dejamos de vender y conectar con las personas. Da igual si el medio es digital o telefónico, si no conectamos y escuchamos a la persona, no habrá venta.

He estado años junto a personas que detestan su trabajo, que odian ir a trabajar cada día, que se quejan por todo y que no hacen nada por cambiar la actitud. Y es que, aunque parezca mentira, la actitud es clave en el proceso de venta. Recuerda que estamos constantemente vendiendo, y con una buena actitud, tienes más de medio camino recorrido.

Cuando te digo que el dinero no es la moneda de cambio, es porque yo he estado con personas, que, a pesar de no entusiasmarle su trabajo, si haces que, cada día sea algo nuevo, juegas, interaccionas, te preocupas por ellos, entonces, esos mismos siempre estarán luego para ti. Y eso es una de las cosas que más me gusta de trabajar con las personas, que al final, no dejas de estar vendiéndoles tu propio trabajo de forma diaria, sino que entiendes a cada uno de ellos, conectas, y eso, queda para siempre.

En la vida, como en el *Póker*, no importa las cartas que te toquen, sino la actitud con la que las juegas, el no rendirte y, sobre todo, hacerlo siempre desde la diversión y pasar un buen rato con quienes juegan contigo.

No te lamentes por la situación en la que estás, a veces, la situación más penosa es la que mayores aprendizajes lleva y con los que más puedes ayudar a otras personas.

De eso se trata, de poder ayudar a personas que, como tú, están pasando un mal momento, y cómo ayudarles a salir de ese pozo para seguir jugando la partida y remontarla.

Así que ahora te toca jugar a ti, juega como un novato si quieres, lo importante es que entiendas el juego oculto y salgas a jugar. Con el juego, si juegas bien, todos ganan, unos ganan la partida, y otros ganan los aprendizajes, pero todos ganan.

DADOS

"La vida es como una caja de bombones, nunca sabes cuál te puede tocar". Esa frase de Forest Gump, la verdad, es que me marcó. Yo creo que todo el mundo la conoce, aun sin haber visto la película.

Es como en el juego de los dados, nunca sabes qué números saldrán. Y eso es lo emocionante de la estrategia. Que sin saber qué dados van a salir, sepas cómo vas a jugar tu partida.

En el mundo digital, veo constantemente cómo cada uno de los emprendedores, empiezan a emprender con una

idea de escasez, y el problema, es que cuando empiezas a crear algo que quieres hacer grande, y empiezas por algo pequeño, realmente cuesta mucho más hacerlo grande. No puedes tener una gran visión sobre algo que comienzas en pequeño.

Pero es normal, no podemos pretender hacer el camino de Santiago haciendo mil pasos diarios. Al final, nos cansaríamos de esperar tanto para llegar y lo dejaríamos de hacer, que es lo que pasa en el emprendimiento.

Si quieres algo, tienes que ir a por todas, no a medias. Si vas a medias, ten en cuenta que tarde o temprano, terminarás por cansarte, al no conseguir tus objetivos.

Pero por qué te digo esto, pues porque veo cómo cada día el mundo digital se llena de emprendedores que hasta que no facturen, no serán autónomos, y cuando empiezan a facturar, tampoco, hasta que no tenga una facturación digna, pues para qué, ¿no? Y al final, es el pez que se muerde la cola.

¿Cuántos emprendedores comienzan mientras tienen otro trabajo? Yo fui la primera. Y déjame decirte, que sí, eso es comenzar a medias. Hasta que no dejé mi trabajo actual, no puse el foco a lo que realmente quería hacer.

Lo que sí que hice desde el principio, fue hacerme autónoma, aunque siguiera trabajando. Estuve compatibilizando mi emprendimiento y mi trabajo por cuenta ajena por años. Hasta que finalmente dejé mi trabajo en el que llevaba 14 años.

¿Miedo? Por supuesto, todos los del mundo y más. Pero al final, se trata de eso, de hacerlo con miedo y no frenarte, sino, no podrás alcanzar lo deseado.

Mi emprendimiento como asesora fiscal, me ha dado mucho qué pensar sobre cómo los emprendedores no tienen ni idea de lo que tienen que declarar y lo que no. En realidad, no somos conscientes de los beneficios y, por supuesto, mucho menos de las obligaciones que tenemos cuando emprendemos legalmente. Y digo emprender legalmente, porque emprendedores ilegales, hay a patadas.

A lo mejor eres uno de ellos, pero no te preocupes, mi intención no es atacarte ni juzgarte por ello. Solo te contaré cómo, sin saber lo que saldrán en los dados, puedes apostar por tu negocio sin necesidad de perderlo todo.

En un evento me preguntaron: "¿Cuál era el motivo de que la gente no montase una empresa de inicio?". Obviamente, tenía claro lo que le iba a contestar. Una respuesta razonable y mental, por supuesto.

Le expresé que obviamente empezamos siendo autónomos, ya que de esta manera pagamos un veinte por ciento de nuestros beneficios, y en el impuesto de sociedades pagamos un veinticinco por ciento. Hasta que no empiezas a facturar una cantidad de entre sesenta mil euros a cien mil euros, no te planteas montar una empresa, ya que estarías pagando más impuestos, y siendo autónomo, pagarías menos.

¿Quieres saber qué me contestó? Que eso era una mentalidad de mierda, tal cual. Recuerdo esas palabras. Me quedé bastante sorprendida con la respuesta, que obviamente, me sentaron bastante mal si te digo la verdad. Pero seguí escuchando atenta a lo que quería enseñarme.

En esa respuesta encontré algo razonable, que es precisamente el comienzo de este capítulo. No puedes empezar algo a medias. Es decir, no puedes empezar algo para pagar menos impuestos, porque ya estás dando por hecho que no vas a llegar a esa facturación. ¿Cómo pretendes llegar a esa facturación, si tú mismo estás bloqueando ese objetivo desde tu subconsciente? ¿Realmente piensas que, pensando así, mágicamente lograrás facturar lo que te propongas?

Ese momento, me hizo reflexionar bastante, la verdad. En realidad, una empresa, la puede constituir cualquiera con un ordenador y algunos objetos, haciéndolos como parte del patrimonio de la empresa y, por tanto, del capital inicial necesario para constituirla.

Pero encima, hasta ahora, los dos primeros años puedes llegar a pagar menos con una empresa que como autónomo.

Pero hay algo que necesitas saber, porque es muy bonito si te cuento esto así y tampoco sería la realidad.

El ochenta por ciento de las empresas que se constituyen, no llegan al tercer año de vida, eso quiere decir, que fracasan. Pueden ser por mil motivos. Pero en el mundo digital, esa cifra es aún mayor. ¿Sabes por qué? Porque la mentalidad que tenemos a la hora de emprender en el mundo digital es desde la escasez.

Y aquí me quiero detener un poco. ¿Qué pretendemos construir desde la idea de que todo es gratis? ¿A dónde queremos llegar si para empezar a emprender lo hacemos con la idea de invertir el menor capital, sin arriesgar? ¿Quién arriesgará su dinero en nuestros servicios, cuando nosotros no somos capaces de invertir en nosotros mismos porque no confiamos en lo que tenemos para dar?

Todos en nuestra vida, tenemos una visión de lo que será nuestra casa, nuestro hogar. Y para ello, tenemos claro

que ese hogar, donde queremos vivir, es un lugar en el que tenemos que invertir. Algo que comenté con un ejemplo práctico en el capítulo del juego del calamar.

El hogar, como el trabajo, es algo básico en nuestra vida. ¿Por qué invertir más en algo que es para poder vivir que en algo que te dará la vida que realmente necesitas?

La casa, nuestro hogar, nos lo han vendido desde siempre como algo que debemos tener sí o sí. Pero ¿y la felicidad de dedicarnos a lo que en realidad queremos? ¿Te han dicho alguna vez la importancia que tiene ser feliz en lo que vas a dedicar más de un tercio de las horas de tu vida?

Seguramente pases más tiempo trabajando que estando en casa, ¿por qué se le da más importancia a la inversión de un hogar, antes que en la inversión de lo que te puede hacer mucho más feliz en tu día a día?

La comodidad, es mucho más atractiva que el hecho de trabajar por lograr aquello que en realidad queremos. El consejo típico: "estudia, consigue un puesto fijo y vive cómodamente", es algo que llevamos mamando desde la etapa infantil.

Sin embargo, la idea de, conócete, descubre tu pasión y consigue trabajar en aquello que realmente te apasiona para vivir la vida que realmente mereces, no nos la nombran nunca.

Y ese es el problema principal de que las empresas fracasen y, sobre todo, de que tengamos una mentalidad insuficiente para emprender con la fuerza necesaria desde el principio y, no ir poco a poco, para evitar fracasos innecesarios.

Hay algo que me encantó descubrir este año y que quiero compartir contigo, es que, en inglés, no existe una palabra que signifique fracaso. Cuando traduces fracaso en inglés, la palabra que sale es *fail*, que significa fallo. Con este aprendizaje descubrí que la comunicación es fundamental para tener una mentalidad fuerte y, sobre todo, seguir adelante a pesar de que no haya salido las cosas como pensabas.

El hecho de decir, has fallado, mentalmente te da la oportunidad de seguir adelante después de haber aprendido tras el fallo. Sin embargo, cuando fracasamos, cerramos el capítulo y no volvemos a intentarlo, haciendo que el aprendizaje no tenga ningún sentido.

Muchas veces, nos quejamos de los impuestos que tenemos que pagar, gastando muchísima energía incluso, en discutir que el Gobierno no ayuda a emprendedores o que está en contra de los trabajadores. Al final, siempre estamos esperando que otros nos ayuden en nuestro día a día.

Es indiferente el Gobierno que exista en tu país, porque a un empresario o emprendedor con la mentalidad adecuada, no le hará falta ni ayudas ni consideraciones por parte de nadie, a excepción de lo que esa persona crea y haga en su propio negocio.

En otros países, los impuestos son diferentes, en algunos mejores, y en otros no tanto. Podemos incluso, plantearnos ser nómadas digitales, viajando por alrededor del mundo durante todo el año, y pagando unos impuestos muy inferiores a los que tenemos. Es una forma de vivir, pero no todo el mundo quiere eso. Y es que es fundamental que la vida que quieres, vaya acorde con el tipo de impuestos que quieres soportar.

En España, podemos tener muchos impuestos, y muchos ladrones dentro del Gobierno, pero en este país se vive

muy bien. El clima, la vida, la tierra, la cultura, es increíble. Estar cerca de los tuyos, de amigos, tener cada una de las comodidades. En fin, si quieres vivir en un país que lo tenga todo, entonces déjame decirte que, eso es España.

Ahora, si quieres vivir en otro lugar del mundo, es genial, pero es importante no elegir por tema de impuestos, porque eso, al final, lo único que hará es que tu vida dependa de lo que tienes que pagar de impuestos y, por tanto, tu visión de nuevo, estará desenfocada de lo que en realidad quieres conseguir.

Como ya sabes, en el juego de los dados, nunca imaginarás los números que te van a tocar. Pero igualmente, juegas tu partida y ejerces la estrategia en función de los números que te han tocado.

Es posible que decidas volver a tirar los dados para ver si te salen números superiores o ir separando aquellos que creas que te puedan hacer tener la mejor jugada.

En la fiscalidad digital, pasa lo mismo. A veces siento cómo los emprendedores tiran los dados y prueban suerte, para emprender con los menos recursos posibles y poder ir poco a poco, creando su propia jugada estratégica evadida de impuestos.

Ahora bien. ¿No es injusto que todos juguemos una partida en el que solo unos pocos paguen y los otros esperen a generar ingresos? ¿No es injusto que unos vayan a por todas con su negocio y otros esperen a ver si les sale bien para empezar a pagar?

Pues he de decirte, que cada uno es libre de hacer con su negocio lo que considere. No podemos tampoco juzgar a aquellos que no deciden dar el cien por cien en su negocio. Al final, son ellos mismos los que no están confiando en su propio proyecto.

"Ana, yo sí que confío en lo que puedo hacer, pero me niego a pagar la mitad de mis beneficios para dárselo a un Gobierno que no hace nada por mí".

Está bien, te entiendo, y me viene genial que comentes esto. A lo largo de mi vida, he visto cómo la gente pone los precios al libre albedrío. Es decir, la pregunta que se hacen es: "¿A ver, una persona pagaría doscientos euros por mi servicio? Sí, yo creo que sí...". Y eh *voilà*, ya tenemos precio para uno de nuestros servicios.

Y cuando ponemos precios, pensando en si nos lo pagaran o no, no hemos entendido absolutamente nada sobre el valor de algo. En el juego del Monopoly hablamos del valor que en realidad tiene lo que ofrecemos. Aun así, te voy a dar unas pautas que yo sigo a la hora de poner un precio a mis productos y servicios que te pueden ayudar a tener claridad a la hora de poner un precio a un servicio.

Lo primero que debo preguntarme, es qué valor tiene para mí ese servicio. ¿Cuánto estaría dispuesta a pagar por dicho servicio? Si yo misma, no sería capaz de pagar ese precio por ese servicio, olvídalo, no lo vas a vender.

Cuando realmente pienso, en el tiempo que voy a invertir en ese producto, en ese servicio, pienso si realmente ese valor que yo le he dado me compensa para poder hacerlo o no. Si no me compensa, porque las horas que voy a dedicar son muchas, me planteo el valor de mi tiempo. Y vuelvo a reformular el precio y reformular la pregunta con el precio por el que estaría dispuesta a hacer ese trabajo.

¿Pagará esta nueva cantidad por este servicio? Siendo objetiva, y no teniendo en cuenta mi tiempo, valoro qué tiempo es el que yo me hubiera ahorrado y, por tanto, un tiempo que me permitiría ganar más dinero del que estoy invirtiendo. Si considero que merece la pena, sigo adelante.

Ahora bien, acabo de sacar el beneficio, es decir, lo que yo quiero ganar. Ahora toca sumarle los impuestos. ¿Qué precio debo poner sumándole los impuestos? Si vendes a particular, el precio final, tendrá unos impuestos donde el cliente no se podrá desgravar. En caso de trabajar para empresas o autónomos, ese impuesto, es decir, el IVA, se lo podrá descontar y, por tanto, aunque lo está pagando por adelantado, a la hora de hacer los trimestrales, podrá descontárselo del IVA que ha repercutido a otras empresas.

"Ya Ana, pero es que, de un producto de cien euros, cuando le sumas el veintiún por ciento de IVA, hace que el producto aumente veintiún euros, algo que es una barbaridad y que hace que la gente no compre".

¿Lo has probado? ¿Crees que una persona dejará de comprar ese producto o servicio que para ti tiene un valor de cien euros por impuestos? ¿Dejarías de comprar la casa de tus sueños porque tienes que pagar un diez por ciento de IVA al ser nueva?

Vivimos pagando impuestos constantemente, y el poner el precio a tus productos, no es un simple juego de dados donde tiro y digo, ale, ya tengo el precio de producto, porque te aseguro, que así, es como realmente obtenemos pérdidas.

En el juego de los dados, tienes que ser muy consciente de los números que estás tirando para poder ganar la partida. Tienes que contemplar todas las opciones para saber si te compensa o no volver a tirar los dados.

En la fiscalidad digital es lo mismo. Tienes que tener muy clara la idea de lo que quieres ganar, sentarte y establecer objetivos, y esos objetivos, deben llevar el cálculo de los impuestos.

No hace falta que lo hagas tú si no quieres, pero contrata a un buen asesor financiero que te ayude con las cuentas y, sobre todo, que te asesore sobre los precios de tus productos a la hora de saber lo que quieres llegar a generar con tu negocio.

El juego oculto de los dados no está en saber qué dados van a salir, sino en calcular previamente la mejor jugada que puede salir para que con los números que tienes, puedas ganar la partida.

Si pones precios que no se adecúan a tus costes, empezarás a generar pérdidas y, por tanto, tu negocio no será rentable y mucho menos, agradable.

Por eso, muchas personas "fallan" en las empresas y dejan de emprender o de trabajar por lo que realmente les apasiona. Por un simple error en las cuentas y no ver realmente la importancia de lo que implica que su producto valga ese precio.

No tenemos que fijarnos en el precio de la competencia. Eso lo único que hará será despistar nuestro foco real. Si nuestra competencia cobra menos de lo que nosotros hemos calculado como valor óptimo de nuestro servicio o, si lo igualamos, estamos compitiendo por precio, y no por calidad ni por diferenciación.

Debemos tener claro que, nuestro producto o servicio no es el mismo que el producto o servicio del resto.

¿Crees que un Ferrari, tienen en cuenta los precios de

Seat para poner precio a sus coches? Los dos son coches, es decir, son el mismo producto, ¿verdad?

Pero, al contrario, pasa lo mismo. Si consideras que el valor de tu servicio vale un precio, el hecho de que tu competencia lo tenga muy por encima, no puede hacer que lo subas. Recuerda la importancia de vender aquello que comprarías. Si tu competencia, tienen un precio superior, y vende, no significa que por que tú subas tus precios, haciendo que sean inferiores a los de tu competencia, vayas a vender.

En el emprendimiento digital, la competición por precio, es el pan de nuestro día a día, y, eso hace que los emprendedores no tengan el conocimiento ni las verdaderas pautas para poner precio a sus servicios.

Sé honesto contigo mismo, sé honesto con tu negocio y sé honesto con tu cliente a la hora de poner el precio, y te aseguro que habrás entendido el juego oculto de los dados.

EL TRIVIAL

¿Quién no ha jugado alguna vez al Trivial y ha terminado pensando que es un ignorante? La verdad, es curioso cómo un juego, que parece que nos encanta a todo el mundo, es la mejor forma de poner a prueba nuestra intelectualidad de forma constante.

Es como cuando pensamos que, sin haber hecho nada, al día siguiente a lo mejor la báscula ha bajado de peso. Pero no, ha subido. Y, aun así, te preguntas ¿cómo?

Con el Trivial pasa más o menos lo mismo. Es algo que, por mucho que juegues, las preguntas que te hacen te suenan a chino. Aun así, ahí estamos, jugando sin parar. Y jugamos, sobre todo, porque como es en equipo, siempre habrá algún intelectual en el equipo que se las sepa casi todas las respuestas, y las que no se sabe, alguna vez resulta que eres tú quien sí conoce la respuesta. Pero por lo general, dejas que el otro responda, que para eso es el listo.

El Trivial, por si no sabes a qué juego me refiero, es un juego de mesa, donde hay un tablero con diferentes colores. Cada color representa un área. Esto ya depende del Trivial al que juegues, pero el de toda la vida, el básico, son áreas como geografía, historia, literatura, deportes, cine y ciencias naturales. Pues como todo en la vida, hasta de lo que piensas que sabes, o que controlas más, te das cuenta de que no, que te queda mucho por saber.

El juego básicamente consiste en que intentes ganar un quesito de cada área. Para conseguir un quesito, debes caer en la casilla especial de esa área en cuestión, y responder correctamente la pregunta.

Esta es la principal razón por la que para ganar el Trivial hacen falta muchas horas. Normalmente terminas diciendo a una hora de la noche: “Venga, una más y quien tenga más quesitos gana”. En fin, es que, si no, a ver quién es el listo que acierta la pregunta de cine.

Y pensamos siempre: “Con lo que molaría un Trivial de áreas que se me dan bien a mí”.

Sin embargo, esto en el medio digital ocurre de forma constante. Veo cada día a emprendedores queriendo tocar todas las áreas, indecisos por no saber a qué dedicarse o dónde focalizar su nicho. Comienzan aprendiendo cosas nuevas para estar al día de tareas que consideran imprescindibles para su negocio.

Vamos, que cuando tenemos crear nuestro propio Trivial y jugar a aquellas áreas que mejor se nos dan, nos complicamos la vida, y creamos un nuevo Trivial con áreas que ni conocíamos.

A lo mejor piensas que es una absurdez, pero ¿cuántas personas tienen la carrera de derecho y no son abogados? ¿Cuántos tienen la carrera de historia y no son profesores? ¿Cuánta gente con magisterio no está trabajando como maestro? Y así, podría preguntarte de cada una de las carreras o profesiones en las que, un día, decidimos estudiar, y cuando las terminas, ni siquiera te centras en trabajar de ello.

"No Ana, no es que no se enfoquen, es que no hay trabajo de eso". ¡Ah!, claro, es verdad, que hay que esperar plazas, y esperar a que en un sitio me consideren apta para ser maestra, porque hasta entonces, no se puede ejercer, ¿verdad?

Yo no digo que todo el mundo sea emprendedor, ni mucho menos, pero sí que todos pueden trabajar de lo que realmente le gusta, o por lo menos, que haya un poco más de enfoque en la empresa que está trabajando en lo que realmente le gusta hacer.

Pero preferimos estar cinco años de nuestra vida estudiando algo que más tarde, posiblemente no ejerzamos o tengamos que estar otros cinco años más para sacarnos unas oposiciones, dejando en manos del Estado la capacidad de darnos la aptitud de ser maestros o la profesión para la que hayamos opositado.

Mientras tanto, un trabajo de teleoperador, camarero o incluso de limpiador, nos sirve para vivir al día. Ya en un futuro, tendremos el trabajo para el que llevamos años estudiando y, sobre todo, que queremos trabajar.

Hoy en día, por suerte, no hace falta que dependas de un sueldo de mil euros para poder dedicarte a lo que te gusta. Tenemos la capacidad de juntar nuestras habilidades, pero también nuestro propósito para empezar el camino que queremos recorrer haciendo lo que nos gusta desde el minuto uno.

Claro que no es todo bonito, pero empezar en un trabajo desde cero, tampoco lo es. Fácil, es posible, pero al principio, todo cuesta, y más cuando no te sabes las respuestas.

Pero como todo lo que hay en este libro, en el Trivial, también tiene un juego oculto que te contaré más adelante.

En el mundo digital, sobre todo en el emprendimiento, hay algo que nos encanta decir a todos, y es que hacemos las cosas por un propósito.

El propósito, tiene definiciones diferentes para cada persona, unas son más intensas que otras, unas acompañan una visión, otras no tanto y otras acompañan un legado.

Pero el propósito, es aquello para lo que se supone que hemos venido a este mundo. Es como la tarea para la que hemos sido creados, como si fuera nuestro tesoro más preciado y escondido, el cual, algunas personas encuentran antes que otras.

Cuando nos cuentan esto, todos nos ponemos a buscar, nos ponemos a hacer cosas para intentar averiguar cuál es ese propósito.

Empezamos a hacer aquello que creemos que nos gusta, o que se nos da bien. Es básico. Entendemos que la tarea encomendada no serán aquellas preguntas del Trivial que ni siquiera tenemos conocimiento, así que buscamos, nos autoconocemos, y bueno, damos con lo que podría ser

nuestro propósito. Y digo con el que podría, porque bueno, parece que encaja con todo.

Salvo algún pequeño detalle, ser capaces de vender nuestro propósito. Hemos venido a este mundo a hacer una tarea que ahora nos toca vender, ya que también tenemos que comer.

"¿Podría dedicarme a mi propósito sin necesidad de vender?".

Aunque sea una ONG, tú tienes que cobrar por lo que haces, y si encima, es por propósito, es perfecto.

El problema viene ahora, cuando ya tenemos todo, y vemos que no funciona. Hay algo que no encaja... la gente no está comprando esto que se me da a mí tan bien hacer, y que es mi propósito.

Así que empiezas a mirar a la gente y te empiezas a comparar: "Claro, a este le va genial, porque habla espectacular". "Este otro vende cualquier cosa, es normal que le vaya tan bien".

Todo eso, hace que nos replanteemos nuestro "propósito", pensando, que a lo mejor no es esa nuestra tarea. Así que, o nos formamos en aquello que carecemos, incluso, detestamos, o cambiamos a otra cosa que también nos guste, y que veamos que la gente lo necesita más. Ya que así, tenemos más posibilidades de que nos compren. ¡ERROR!

Mientras, seguimos avanzando, y hagamos lo que hagamos, nada sirve. Empieza a ser frustrante. Y créeme, son muchas las personas que se sienten frustradas en el emprendimiento digital, por no sentir que realmente están haciendo su propósito.

Es como jugar al Trivial una y otra vez y solo tener que contestar las preguntas de deporte, cuando no tienes ni idea.

Y lo peor, es cuando sigues formándote para poder llegar a ese propósito y sigues sin ver resultados. Crees que estás con el foco puesto en llegar a ese lugar que tanto quieres, del que tanto has oído hablar, y donde te han dicho, sobre todo, que todo el mundo puede lograrlo.

El hecho de querer estar allí, y no saber cómo, es muy pero que muy frustrante.

Y aquí precisamente, es donde se encuentra el juego oculto del Trivial.

Todos estamos más preocupados por aprendernos las preguntas que nos pueden salir, que la de estudiar aquellas que ya han salido. Es decir, estamos más ansiosos por lo que no sabemos, que por lo que ya sabemos.

Esto genera una necesidad global en el mundo digital conocido como "Know How", el cómo hacerlo.

Queremos tener el control de absolutamente todo, y eso nos aleja de lo más importante, de nosotros mismos.

Hay una barrera enorme para que tardemos lo máximo posible en llegar a nuestro destino. Si seguimos aprendiendo cómo hacer las cosas, estamos consiguiendo estar enfocados en lo que realmente no estamos haciendo por propósito.

Yo no te voy a decir, ni voy a presumir sobre si he encontrado mi propósito. Seguramente no, pero sé que no me alejo de él.

Pero sí te voy a decir lo que ha hecho darme cuenta de que tenga sentido que este juego oculto exista. El hecho de buscar algo de forma tan ansiada, genera precisamente lo que este juego oculto pretende. El que dejemos de correr y hacer mientras estamos en la búsqueda de ese propósito tan deseado.

Estamos atareados de manera constante, haciendo cosas por hacer, y no somos conscientes de que, lo que nos hará llegar a nuestro propósito, no está en ningún sitio, bueno sí, está dentro de nosotros.

Pero parece que esto es una carrera, para ver quién descubre antes su propósito y, por tanto, se enfoca en conseguir ayudar a otras personas a través de él.

En este capítulo, te quiero llevar al pasado. Quiero que te imagines cuando tenías cinco años, justo antes de empezar primaria. Quiero que te veas cómo jugabas con otros niños: al fútbol, al escondite, en la piscina o en la playa.

Quiero que te mires, que veas cómo sonreías. ¿Qué más necesitabas? ¿Crees que le preocupa algo más allá de lo mucho que estaba disfrutando?

En el cole dibujabas o directamente te pintabas los brazos como tatuajes. Pero no tenías más obligación que la de disfrutar con tus compañeros y jugar en el patio.

Y es que, con esa edad, ya tenemos una personalidad casi marcada. Se dice que, hasta los siete años, la personalidad de un niño puede cambiar, y de ahí, que la educación en esos primeros años sea clave.

Con siete años, tú ya eras de una forma de ser. La pregunta es, ¿sigues siendo igual? Obviamente no, la situación ha cambiado, has "madurado", tienes familia. Pero el hecho de creer que no eres la misma persona, que has cambiado, no es del todo cierto.

Esa persona que tenía siete años sigue estando dentro de ti, lo que pasa, que le dejas salir en menor o mayor medida, en función a lo que a ti te interese.

Pero sabes, lo mejor de todo esto es que con siete años cuando jugabas, eras feliz y, ahora, con la edad que tienes estás constantemente con preocupaciones en la cabeza que no te dejan avanzar y, sobre todo, que no te dejan pensar, ni ser feliz.

¿Qué cambia en la persona para que, cuando éramos pequeños disfrutásemos y ahora no? Pues principalmente que no buscábamos hacer cosas, sino simplemente éramos quienes habíamos venido a ser. Aprendíamos cada día cosas diferentes de cómo queríamos ser. Un día éramos policías y al día siguiente bomberos. Pero éramos quienes queríamos ser en cada momento.

"Ya Ana, es todo precioso, pero es que, no podemos ser niños toda la vida, porque hay facturas que pagar, familias que mantener, impuestos, en fin. Tenemos que centrarnos para poder generar los ingresos que nos hagan pagar cada uno de los gastos que genera vivir. Y cuando eres niño, todas esas preocupaciones no las tienes, y por eso pueden disfrutar".

Te entiendo, yo he sido la más fiel defensora de esa idea. Lo que hubiera dado yo por una pequeña lotería que me permitiera estar un año quieta, siendo quien realmente quiero ser, sin aparentar y sin preocuparme por lo que puedan pensar los demás.

Pero, esperar a que ocurra algo, es como ir en busca de sueños que no llegarán. No se trata de esperar ni de perseguir, se trata de aceptar.

Es un concepto complicado, sobre todo de aplicar. Seguramente has oído eso de que tienes que fluir. Normalmente, cuando se dice eso, solemos pensar que, tienes que dejarte llevar, y no es así del todo.

Fluir, no es otra cosa que aceptar lo que viene. Y eso, no es agradable. No es fácil aceptar que nos despiden, sin que te generen una rabia interna con un deseo de matar a tu jefe. No es fácil aceptar que tenemos hijos con problemas o enfermedades, sin pensar que es injusto para el pequeño que lo sufre. No es fácil aceptar una muerte, donde los pensamientos de culpa muchas veces nos invaden y, sobre todo, el de no querer despedirte de esa persona. Y no es fácil aceptar algo que no queremos, sin desear quitárnoslo de encima lo antes posible.

Pero luchar en contra de algo que no podemos, es más complicado, que aceptarlo y aprender de lo que nos está dando la vida.

Es curioso ver cómo para buscar carencias nuestras las comparaciones con los demás son instantáneas, pero para nuestros problemas, no vemos más allá de esa situación que nos está frustrando.

Si comparásemos nuestros problemas, al igual que las cosas que no tenemos respecto a los demás, seguramente veríamos con otros ojos esos problemas, que a veces, catalogamos de graves, y es una simple discusión con tu pareja.

Está claro que, para cada uno de nosotros, nuestros problemas son importantes. Pero al igual que los problemas son grandes, la importancia y el respeto que nos debemos para poder ser, deberían de estar igualados, y no lo están.

Por eso no encontramos nuestro propósito, por eso no conseguimos resultados, por eso no logramos nuestros sueños.

Y no es fácil. Claro que no es fácil. Por eso es el juego oculto.

Ahora que ya sabes el juego oculto del Trivial, te voy a dar algún que otro consejo que a mí, personalmente me ha servido, aun siendo una persona muy mental, pero que estoy segura de que te van a ayudar a ser y, por tanto, acercarte a tu propósito.

Cada día, cuando te levantes, dedícate tiempo para ti. Haz deporte, cuídate, maquíllate (si eres un chico, también puedes maquillarte si quieres), desayuna, pero disfruta del desayuno. Ponte música, vídeos, observa qué tal el día. Empieza a escuchar esos primeros pensamientos que te vienen a la cabeza. ¿Qué nos apetece hacer hoy?

Luego, márcate horarios. Es importante que los tengas para que puedas descansar y dedicarte ese tiempo a ti y a los tuyos. Si quieres, puedes repasar el capítulo del Tetris.

Intenta pasar tiempo con tu familia, con tus amigos, haz alguna afición, lo que quieras, pero intenta desconectar del hacer.

Y si no te apetece levantarte, y hacer todo eso, es importante que lo intentes, porque eso te ayudará a que tu mente y tu cuerpo sientan que les estás cuidando, que te estás valorando y, sobre todo, al hacerlo a primera hora del día, te permitirá conectar más contigo y escucharte más.

También te digo, que yo he puesto eso, que son las cosas que más conectan conmigo. Pero tú puedes tener otros hábitos que hagan conectar más contigo, como cantar, bailar, escuchar música.

Al final, es un primer espacio para nosotros mismos, da igual lo que hagamos, cada uno sabe lo que más va consigo mismo para conectar con su ser.

Recuerda, el juego oculto está en hacer que sientas que todavía te faltan cosas para ser tu mejor versión, y la mejor

versión las estás dejando perder cada vez que no vives tu día a día como si fuera el último que fueras a vivir.

Y antes de acabar, quiero decirte algo que me gusta decir: arrepiéntete de las cosas que has hecho y no de las que has dejado por hacer.

Recuerda tu pasado, para ser tu presente y admirar tu futuro.

QUIÉN ES QUIÉN

A lo largo del día, recibimos opiniones y comentarios de todas las personas. Es algo que decidieron que era gratis, y en la libertad de expresión no hay nada escrito. Nos toca seguir escuchando frases como "No pareces ni tú con tanto filtro". "Con lo guapa que eres y te pones esos filtros". "Ganas mucho más en persona que en las redes". "Si te pones filtros, es porque no te quieres". "Si te cuidases más, estarías mejor". "No te queda bien ese color en la cara". "Tienes que ponerte colores fríos". "De morena estabas mejor". "¿En qué momento has engordado tanto? A ver, fea no eres".

Comentarios de forma constante sobre tu imagen y cómo te quieres mostrar al mundo, hacen que el juego del Quién es Quién cada vez sea más complejo. Está claro que la imagen que proyectamos es muy importante a la hora de tratar con diferentes personas. Pero ¿quiénes somos nosotros para opinar o aconsejar a alguien que no nos ha preguntado?

Estamos constantemente recibiendo consejos sobre nuestra imagen y, por ende, dándoselo a los demás. Lo que hace que las redes se conviertan en un

Quién es Quién, con imágenes idénticas, haciendo que apenas sepas quién es realmente él o la que está detrás de la foto.

Cuando yo jugaba al Quién es Quién, era tan sencillo como ir descartando a esas personas que tenían gafas, eran rubios, pelo rizado. Ahora tienes que ir un poco más allá, estilo, las gafas son de pasta o de metal. El pelo lo tiene con laca, espuma o gomina.

Se hace complicado tener una buena imagen propia, y digo propia, porque estamos muy intoxicados por la opinión de otras personas.

Eso influye en nuestra imagen y, por tanto, con lo que estamos realmente a gusto.

Hay una crítica enorme por los filtros. Hay gente que considera que los filtros hacen que una persona no sea natural. Pero que digo yo, que los filtros han existido siempre en las revistas, para los famosos, modelos y nunca ha pasado nada.

¿Qué problema hay con poder verte mejor en la imagen que proyectas en las redes sociales? Es más, está com-

probado que una buena imagen genera un mayor *engagement*. El *engagement* es el porcentaje de interacción, es decir, de personas que interactúan en tus publicaciones, frente a los seguidores que tienes. A mayor interacción, mayor *engagement*.

El problema, es que estamos sesgando constantemente a la gente para que haga lo que nosotros consideramos que es mejor o correcto. ¿Qué problema tiene la gente con que las personas utilicemos filtros?

"Ana, es que hay filtros que no parecen ni la propia persona". Bueno, y ¿qué pasa? "Pues que es una forma de engañar a tu audiencia". ¿Realmente crees que engañan a alguien con los filtros? Por favor, que son para las redes sociales, no para Tinder. Está genial que alguien pueda arreglar sus fotos para que el *feed* de sus redes sociales tengan la imagen que quieren proyectar. Siempre y cuando mantengan su esencia. Que se parezcan más o menos, bueno, no creo que afecte al engaño. Es más, la mayoría de esas personas hacemos vídeos *stories*, y la gente sabe cómo somos en realidad. Pero porque nos hagamos fotos profesionales o retocadas, no hace que seamos mejores o peores personas. Sino que nos gusta vernos bien, y si queremos proyectar con una imagen que consideramos que nos agrada, pues por qué no, ¿verdad?

La imagen es algo en el mundo digital que es necesario tener. Pero por favor, diferenciación como en todo.

La imagen, es el *branding* de una marca. A veces, no solo una cara bonita significa una buena imagen de marca.

Hay que tener muchos más elementos en cuenta. El hecho de que nos mostremos como imagen de una marca, hace que la misma en sí sea mucho más cercana. Por

eso es importante que detrás de una marca haya una persona.

En el mundo digital, la marca personal es clave para que haya cercanía hacia tus clientes. Al final, las personas compran a personas, no a marcas.

“Ana, yo compro Apple, no a Steve Jobs”. Sí, eso está claro. Pero en realidad, es la persona que te vende el Iphone, por ejemplo, la que genera en ti esa confianza. O tu amiga recomendándote el último Iphone del mercado. Cuando digo que compramos a personas, es porque detrás de una marca, hay personas que trabajan por ella, y que dan una imagen a esa marca. De ahí que sea tan importante cuidar la imagen de una marca a través de las personas.

Porque una vez que un cliente te compra, ese cliente, si está satisfecho, será fiel a tu persona, independientemente de los productos y servicios que ofrezcas, porque sabe que detrás de ese producto o servicio, estás tú.

El hecho de que pensemos en trabajar nuestro emprendimiento como una marca personal, puede ser clave para vender nuestros servicios. Pero como marca, debemos de ser coherentes con lo que queremos mostrar y lo que queremos que vean de nosotros. Siendo totalmente indiferente el cómo lo estén haciendo otras personas.

La marca personal, eres tú y, por tanto, tu marca te tiene que representarte a ti, no al resto de la humanidad.

Lo que sí te quiero contar, es cómo los colores afectan a la psicología de las personas que te ven, y cómo unos colores u otros pueden hacer sentir diferentes emociones en las personas.

De ahí la importancia de saber jugar tu imagen en el juego de Quién es Quién.

Lo primero, para escoger los colores de tu marca, es saber cuáles son los colores que más te gustaría tener en la marca. Esos colores que a ti te inspiran algo, que a lo mejor no tienen nada que ver con lo que realmente significan, pero que a ti te gustan.

Este trabajo suele coincidir mucho luego con lo que se quiere transmitir en la marca. Es importante que haya una primera elección de colores por gustos y emociones, para luego pasar a la parte más psíquica, tomando la decisión de los colores de marca teniendo en cuenta todo lo anterior.

Los colores finales de tu marca, tendrán un significado y, sobre todo, una coherencia que irá ligada con tu ropa, tus redes, tu *web* y, sobre todo, el logo de tu marca.

Es importante trabajar en todo esto si queremos tener un negocio sólido y con sentido. No podemos pretender tener un negocio profesional si no hemos trabajado nuestro *branding* previamente. Recuerda, que la imagen que tengamos, causa una impresión en nuestros potenciales clientes, y si esa impresión no es buena, nos costará cambiarla.

Por eso, siempre recomiendo que los emprendedores trabajen primero su marca para que todo lo demás, vaya en base a los colores de marca. Si empezamos por la *web*, sin tener una marca, hará que cuando trabajes en la marca, tu *web* tenga que cambiarse, posiblemente, por completo.

Como en el Quién es Quién, vamos a ir destapando el significado de cada color para que entiendas qué emociones sugiere cada color y, así, puedas tener claro qué colores quieres para tu marca.

En este caso, jugaremos al Quién es Quién de las empresas. Por ejemplo. Empecemos por ING o Bankinter. ¿Qué te sugiere esta marca? Son colores naranjas y en su mensaje está el de "Fresh Banking".

Estos bancos, a diferencia de la mayoría, quieren tener una presencia jovial, fresca, energética y optimista. El color naranja tiene como emociones principales: el instinto, optimismo, creatividad, diversión, juventud, impulsividad, amistad, extroversión y espontaneidad.

Ya que hablamos de bancos, ¿por qué crees que el resto de los bancos, tienen el azul en su marca?

"Ana, pero el Banco Santander, por ejemplo, no lleva el color azul, es rojo".

¡Qué bueno que lo menciones! El banco Santander, a pesar de ser rojo, lleva azul en ese rojo.

Y voy a hacer un pequeño paréntesis para aclarar que hay dos tendencias en los colores que son: colores fríos y colores cálidos. La diferencia entre unos y otros es la cantidad de azul o amarillo en cada uno de ellos. Por ejemplo, hay rojos, que, con un amarillo, tienen a ser más anaranjados, sin llegar a ser naranjas, y esos rojos, serían un color cálido. Sin embargo, hay otros rojos que tienen más azul y, por tanto, es un color frío.

Todos los colores, pueden ser cálidos o fríos, y eso afecta directamente al color de tu piel. Si pones telas debajo de tu cuello, hará que percibas qué colores te favorecen, si los colores cálidos o los colores fríos.

Mi recomendación, es que cojas diferentes telas, intenta tener un color neutro debajo para que no te afecte el resto de los colores, y veas cómo cambia tu cara en función a

unos colores u otros.

Recuerdo que cuando a mí me lo hicieron, los colores cálidos hacían que pareciese que tenía hepatitis, porque mi cara, cambiaba a un color amarillo, y parecía que estaba enferma.

A veces, no somos conscientes de cómo nos sienta la ropa, simplemente por el hecho de que nos gusta, nos lo ponemos y listo. Sin embargo, cambia tanto el hecho de que un modelo te siente bien y, si además tiene los colores que le van bien a tu piel, puede hacer que una imagen cambie radicalmente.

El hecho de que desde pequeños nos pusieran ropa de todos los colores, y con cualquiera de ellos nos combinaba bien, ahora que somos adultos, entendemos que es el mismo concepto. Con cualquier cosa, estamos bien.

Una ropa elegante y que nos gusta, es ya ir bien vestidos. Y a veces, una ropa mucho más sencilla y cómoda, nos viste mejor que la ropa más elegante. Esto sucede tanto por los colores, como el hecho de cómo nos queda la ropa en función a nuestro cuerpo, y cómo podemos potenciarlo a través de la vestimenta. Todo esto afecta mucho al subconsciente, más de lo que nos damos cuenta.

Continuando con el rojo del Banco Santander, en la apariencia veamos que es un rojo, en nuestro subconsciente, nuestra mente detecta ese color azul. ¿Qué te quiero explicar con esto? El motivo por el cual la mayoría de los bancos y muchas marcas, se deciden por el azul.

El azul es un color que aporta tranquilidad, confianza, progreso, inteligencia, armonía, simpatía, estabilidad, verdad, salud y frío. Como ves, cada una de las emociones, son emociones que cualquier empresa desearía transmitir a sus clientes. Un banco que transmita tranquilidad y confianza es fundamental para que las personas vayan y pongan sus ahorros allí.

Muchas de las marcas empresariales, tienen algún color azul en su logo y en sus *branding.*

Si seguimos con el rojo, para seguir con la línea de los bancos, podríamos decir, que el Banco Santander se diferencia bastante del resto por añadir el color rojo a su logo. A pesar de que ese rojo tiene azul, es cierto, que al final el color que más poder tiene es el rojo. El rojo transmite valor, amor, calor, sexo, excitación, aventura, dinamismo, pasión, energía, rebeldía, peligro, acción.

Un color no representa todas las emociones de golpe. Depende, por supuesto, mucho del logo, para que termine de transmitir un mensaje.

Por ejemplo, aunque el rojo represente el peligro, principalmente esta emoción irá acompañada de alguna señal de alerta como los triángulos y señales de tráfico. En el caso del Banco Santander, juega con varios colores, lo que hace que al final, el significado emocional de la marca tenga un significado diferente al color principal. El rojo lo han elegido por dinamismo, energía, un poco de rebeldía respecto a otros bancos, acción y valor. Pero también juegan con el blanco.

El blanco es un color bastante acogido en general. Es más, aunque tu color de marca no tenga blancos, siempre se recomienda que tu página *web* esté sobre blanco, ya que será una *web* mucho más limpia. El blanco transmite verdad, inocencia, pureza, claridad, sinceridad, espiritualidad, refinamiento, bondad, simplicidad, luz, limpieza y

perfección. El hecho de mezclar colores, es decir, de tener varios colores en una marca, puede hacer que el valor de la misma se intensifique en función de los colores que estés introduciendo. Por eso es importante hacer esa lista de colores que más te gustan, antes de pasar a la parte más mental de escogerlos solo por lo que significan.

Si seguimos con el juego, ¿qué significado crees que hay detrás del negro? El negro simboliza muchas cosas. Piensa que cuando nos ponemos ropa de dicho color, nos vemos más elegantes. De ahí es donde nace como referencia para la Nochevieja. Sin embargo, ese color también expresa dolor por el fallecimiento de una persona. Antiguamente, las viudas siempre iban de negro, como representando la muerte y el dolor que sentían por sus maridos. Era como un homenaje constante a su marido ya fallecido. Verte con colores, era como una falta de respeto.

Pero el negro, simboliza mucho más que elegancia y luto. Este representa autoridad, corporativismo, clasicismo, fuerza, sobriedad, respeto, misterio y poder. Actualmente, el negro es un color bastante acogido por las marcas de lujo. No deja de tener unos valores que a cualquier marca le gustaría representar. Pero la magia del mismo está cuando lo combinas con otro color.

Cuando le metes al negro dorado, está claro que está representando lujo. Si te fijas, muchas marcas de joyas son en negro y letras doradas. Puro lujo.

Sin embargo, el dorado tiene la mezcla de dos colores, que son el amarillo y el marrón. Normalmente el dorado, es un difuminado de estos dos colores en diferentes tonalidades.

Sin embargo, la mezcla de estos colores no representa para nada el significado que tiene cada uno de forma in-

dividual. Por ejemplo, el amarillo representa ocio, alegría, energía, precaución, cobardía, felicidad, júbilo, diversión, positivismo y curiosidad.

El amarillo y el naranja, son colores que encajan bastante bien, porque muestran cosas muy similares. Recuerda que es importante qué es lo que quieres que muestre tu marca para elegir una combinación u otra en los colores. Si juntas amarillo y naranja, estarás intensificando la emoción de diversión, juventud y energía.

El marrón, por ejemplo, muestra emociones como robustez, utilidad, rústico, tierra, seriedad, mobiliario, riqueza, masculinidad, profundidad, autenticidad, otoño, solidez. El marrón en marcas para hombres es muy común. Pero hay algo muy curioso. Este en la ropa significa precisamente pobreza, cuando en el color de marca, significa riqueza.

En las obras de teatro, cuando alguien viste colores marrones, está representando a la gente pobre, que no tiene recursos. ¿Sabes por qué ese color en la ropa representa la pobreza? Pues porque es una tonalidad muy común y fácil de conseguir. Las telas de esos colores eran mucho más baratas que las de otros. Por eso, en la ropa, no representa precisamente riqueza.

Quería comentar esto, porque al final, nuestra ropa irá con los colores de marca, y si uno de ellos es el marrón, deja que ese tono sea representado por tus ojos o por tu pelo, evitando llevar esos colores en la vestimenta.

Nos quedan solo 3 colores. Vamos a por el rosa. ¿Qué representa el color rosa para ti? Es un color bastante sencillo de adivinar. Aunque también está sesgado por la sociedad. Quién sabe si el día de mañana conseguimos que el rosa no sea un color que represente la feminidad, por-

que ahora mismo, nuestro cerebro está programado para detectar ese color como algo femenino, inocencia, cariño, romance, ternura, gratitud, incondicionalidad, sensibilidad, infantilismo, suavidad y mimo.

Aunque es un color bastante femenino, me encanta ver este color en marcas de hombres, porque al final, no dejan de ser tiernos, sensibles y con entrega incondicional.

Pero es importante, como digo, jugar bien con el resto de los colores de marca.

Un color muy similar al rosa es el violeta, que con ciertas similitudes al rosa representa: fantasía, romanticismo, elegancia, melancolía, misticismo, decadencia, profundidad, religión, nostalgia, vanidad y estilo. No es un color muy solicitado en las marcas como color principal. A no ser, que sean servicios más espirituales, que ahí es bastante socorrido. Pero para el resto de las marcas, lo he utilizado muy poco.

Y, por último, tenemos el color verde. Un color que representa: naturaleza, vida, crecimiento, calma, libertad, esperanza, fertilidad, ecología, cercanía, salud, juventud y frescura.

El verde, es un color que apenas he utilizado en las marcas, y la verdad que sus valores representan algo muy íntegro. Pero pocas personas lo tienen dentro de sus colores principales de marca.

Ahora que ya sabes los colores de marca y cómo pueden influir en ese personaje del juego de Quién es Quién, te quiero revelar el juego oculto.

En el juego del Quién es Quién, el secreto no está en adivinar la persona del contrincante, sino en hacer que tu marca se integre lo suficiente en el sistema, pero que se diferencie del resto de forma que sea difícil que otras personas te copien, pero que enseguida te identifiquen.

En la vida, no se trata de ser disruptivo y diferente para llamar la atención. La idea de todo es que dentro de un grupo donde aparentemente todos sois iguales, tú destaques por tu esencia y brillo interior.

PIEDRA, PAPEL O TIJERA

Como todo en la vida, hay elementos que consideramos mejores que otros, o que incluso, son superiores.

Muchos, incluso por su valor, están por encima de otros. En los metales, no es lo mismo tener un gramo de oro que de cobre. Y es que, el valor, la mayor parte de las veces va en función a su limitación para conseguirlo.

Se entiende que, de oro, hay mucho menos que cobre, y de ahí que el valor del oro sea muy superior al del cobre.

El juego del valor para los distintos elementos no deja de ser un juego de comunicación y transmisión de lo que para cada uno significa.

No es lo mismo que te regalen un anillo de oro con diamantes, que uno de plata. El mensaje que estás transmitiendo, puede variar bastante en función del elemento que regales.

Hay parejas que se han roto por no haber sido capaces de transmitir realmente su mensaje, bien a través de un elemento como de su propia boca.

En el juego de piedra, papel o tijera, tiene la función de sacar un elemento que sea capaz de destruir al otro elemento. Es un juego de dos, donde cada uno decide si quiere sacar piedra, papel o tijera.

La piedra gana a la tijera, puesto que la aplasta y la rompe. El papel gana a la piedra, ya que la envuelve y la tijera gana al papel, ya que es capaz de cortarlo.

Como ves, es un juego muy sencillo, donde realmente depende de la rapidez de pensamiento, así como de intuir lo que la otra persona va a sacar.

La comunicación en la digitalización funciona de forma muy similar. Depende de las palabras que utilices para ganar o no la partida.

Cada palabra es un elemento clave, pero a diferencia del juego de piedra, papel o tijera, los elementos con los que puedes jugar son muchos más, lo que hace y complica la decisión de utilizar unas u otras palabras.

Este juego de palabras escritas en el ámbito digital se denomina *copywriting*. Y créeme, es un arte para aquel que lo maneja, porque realmente es consciente de las pala-

bras que necesita leer tu cliente potencial para que, por lo menos, preste atención.

Está claro, que depende mucho de la intención del que está escribiendo. ¿Cuál es la emoción que quiere provocar en la persona que lo lee? Pero en general, el hecho de solo generar atención, ya está teniendo éxito con lo que está escribiendo.

Generar atención en lo que escribes, es algo complicado. Hay estudios que confirman que un alto porcentaje de personas que aterrizan en una página *web* no hacen *scroll*. Eso significa, que es muy improbable que puedas ganar la partida del *copy* si realmente no eres capaz de transmitir esa emoción que quieres generar en el que llega a tu *web*, si en una frase de dos líneas, la oferta de valor no transmite aquello que la persona necesita.

"Ana, y cómo se sabe si hacen scroll o no en tu página".

Hay programas que te ayudan precisamente a visualizar qué es lo que hacen en tu *web* una vez aterrizan, a través de la grabación de pantalla.

Eso te puede ayudar muchísimo a poder conocer y saber el comportamiento de los usuarios que llegan a tu *web*. Dónde se estancan, en qué texto están más tiempo, si llegan y se van o si hacen *scroll* y, sobre todo, en qué punto deciden irse de la *web*.

La herramienta que me ha ayudado a saber el comportamiento de los usuarios en mi *web* ha sido Smartlook. Esta herramienta, me ha permitido estudiar el comportamiento de las personas que entraban en mi *web*, y saber realmente qué acciones debía de corregir para conseguir una mayor transformación de las personas que entraban en mi *web*.

En general, no nos enseñan realmente a transmitir aquello que queremos decir. En mis años de experiencia, y después de dedicarme tanto a mi negocio como ayudar a otros a potenciar los suyos a nivel digital, me he dado cuenta de un error muy común, que está estrechamente relacionado con el juego de piedra, papel o tijera.

Cuando escribimos o anunciamos aquello que queremos, lo hacemos desde un enfoque, la mayor parte de las veces, equivocado.

Empecemos por algo muy sencillo, que es cuando hablamos de nosotros, el conocido SOBRE MÍ en las páginas *web*.

En este punto comenzamos a escribir nuestra historia, nuestra superación, desde un enfoque muy egoico, es decir, como si pensáramos que la gente nos va a contratar por lo maravillosos que somos.

Ahí tatuamos todos y cada uno de nuestros logros, los títulos que tenemos, y una lista interminable de cosas que nos hacen que estemos orgullosos de lo que hemos conseguido en la vida. Pero en el mundo digital, eso no funciona.

El problema a la hora de escribir, es el mismo que tenemos muchas veces al momento de comprar un regalo. Cuando seleccionamos un regalo para otra persona, muchas veces lo compramos pensando en lo que nos gusta a nosotros. Lo que nos hace estar bastante cerrados para saber de forma acertada, cómo podemos sorprender a esa persona con un regalo que le pueda gustar.

Si tenemos muy claro qué regalo quiere, es fácil, pero la mayoría de las veces, incluso pidiendo ayuda, no sabemos ni lo que quieren o necesitan. Así que compramos a ciegas con lo que a nosotros nos gustaría que nos regalasen y, por tanto, fracasamos la mayor parte de las veces, ya que el regalo no está dirigido internamente hacia la persona, sino hacia nosotros mismos.

Por ejemplo, en el amigo invisible, que se suele hacer en grupos, cuando te toca una persona que apenas conoces, donde el presupuesto es bastante reducido como para comprar algo que le guste a todo el mundo, se hace una misión bastante complicada.

Muchas veces, no tenemos ni contacto con personas cercanas que nos puedan ayudar en la compra del regalo. Pero hay veces que, incluso teniendo contacto, ni las personas cercanas nos ayudan por desconocimiento de lo que pueda necesitar.

Estamos en un mundo, que aparentemente lo tenemos todo. Y lo que no tenemos y necesitamos, muchas veces, ni siquiera lo valoramos. Por eso es importante entrar en la emoción y en la mente de la persona para poder entender lo que necesitan.

Al final, comprar un regalo y acertar, es como saber qué elemento va a sacar de su mano, para poder accionar sacando el elemento que lo destruya y ganar la partida.

Pues con el *copy*, pasa exactamente lo mismo. Cuando escribimos, lo hacemos pensando en nosotros, en lo que nos gustaría ver de nosotros mismos. Ni siquiera nos gusta leer lo que nosotros escribimos de otras personas, porque no nos interesa. Es más, nos cansaría y seguramente pensáramos en la arrogancia de la persona.

Pero lejos de entender lo que puede pensar la persona, nos crecemos con nuestra historia y nos encanta. Es más, nos cuesta entender cómo la gente no nos compra con todo lo que hemos logrado.

Puedes pensar, que esto es un juego de probabilidad, donde habrá muchas personas que no les atraiga nuestro texto o lo que estamos diciendo, pero habrá muchas otras que realmente le llame la atención todas las cosas que has logrado.

Pensemos en el juego de piedra, papel o tijera. Y pongamos que elegimos piedra constantemente.

Podemos pensar que, si siempre sacamos el mismo elemento, en algún momento, nuestro contrincante sacará ese elemento que necesitamos para ganar la partida.

Pero si la persona piensa lo mismo, ¿para qué va a cambiar la estrategia si le está funcionando? Pues sigue jugando con su elemento ganador.

El juego oculto de piedra, papel o tijera, no está en encontrar el elemento ganador que nos haga ganar, sino en entender a nuestro contrincante qué va a sacar para poder combatirle con nuestro elemento haciendo que ganemos la partida.

La cuestión es, y ¿cómo lo hacemos? ¿Cómo conseguimos averiguar el regalo que quieren sin que sepa nuestras intenciones de ganar? ¿Cómo averiguamos qué le gustaría?

Ahora, hazte la pregunta a la inversa. ¿Cómo alguien puede lograr saber lo que tú puedes necesitar?

"Pues muy sencillo, conociéndome, hablando conmigo, preguntándome, no sé, lo normal y sencillo".

¡Ahí está! Tenemos que conocer a nuestro cliente, saber cómo piensa, qué necesita, qué quiere, desea, etc.

El problema, es que cuando empezamos a querer conocer a nuestro cliente, pensamos en el público genérico, y eso hace que no lleguemos a nadie.

¿Serías capaz de regalar un mismo regalo a muchas personas y que les gustase a todos? Si ya es difícil acertar con uno, ¿cómo vas a acertar con diferentes personas que cada uno de ellos tienen una vida diferente, unos deseos y, sobre todo, unos intereses distintos?

Nuestro principal objetivo a la hora de poder acertar con el elemento o el *copy* correcto, es conocer muy bien a esa persona. Ese individuo es lo que se considera nuestro *avatar.*

"Genial Ana, entonces, conociendo nuestro *avatar*, ¿lo tendríamos todo?".

No, el hecho de conocer a nuestro cliente ideal, *avatar* o conocer a nuestro amigo invisible, todavía no nos garantiza que consigamos transmitir a través de la palabra escrita lo que queremos ofrecer.

Tenemos que saber el idioma que habla. Y no me refiero a si es inglés o castellano. Sino a su jerga, las palabras que le resuenan y las que no.

Las palabras que resuenan a nuestro cliente pueden ser muchas veces las mismas que nos resuenan a nosotros, pero hay muchas veces, que no es así, y es cuando erramos en el mensaje.

Podemos pensar que, el hecho de conocer a nuestro amigo invisible nos da ya el poder para comprar el regalo perfecto, sabiendo qué es lo que necesita. Y ahí está la clave. Supongamos que quiere una pulsera. Como decía al principio del capítulo, no es lo mismo regalarle una pulsera de plata que de oro. El mensaje es muy diferente.

"Ya Ana, pero es que el presupuesto es limitado".

Perfecto, hasta ahí todo claro. Posiblemente la pulsera de plata que pudiéramos comprar tendría algunos elementos que la de oro no tiene. Sin embargo, si compramos una pulsera de oro pequeña, podremos llegar al presupuesto que nos hemos marcado.

Cuando lo que ofrecemos, aparte de cubrir una necesidad, es una inversión a largo plazo, el mensaje que le podemos estar transmitiendo en ese momento es la de: "Me importas, sé que querías una pulsera, y quiero que este regalo que necesitas cubra tu necesidad o tu interés de este momento, pero que el día que no la necesites, todavía siga teniendo el mismo valor o más".

Es una preocupación más amplia que la del presente. No solo queremos ayudarle ahora, sino que deseamos y hacemos lo posible para que le sirva para el futuro.

A la hora de escribir el *copy* en nuestros medios digitales, pasa lo mismo. No se trata de escribir para resolverle lo que necesita ahora, sino ir un paso más allá, diciéndole que eso le resolverá lo que necesita y le servirá también para el futuro.

"Genial, creo que lo tengo claro, pero ¿cómo escribo sobre mí haciéndole ver todo esto a mi cliente? Al final, estoy hablando de mí".

Muy buena pregunta, y es que, como decía, hacer un buen *copy* es un arte. El apartado de sobre mí, sobre nosotros, conóceme, como queramos llamarlo, es uno de mis favoritos.

El hecho de que te conozcan, es para poder transmitirles los motivos de por qué te dedicas a lo que te dedicas en la actualidad y cómo puedes ayudarles.

No siempre consiste en poner todos los títulos que tienes, porque algunos, ni siquiera tienen sentido de que los hayas estudiado, y precisamente eso puede generar cierto rechazo.

La magia del sobre mí, es el intentar que el cliente te vea como su próximo referente, que a través de tu historia se sienta identificado y, sobre todo, quiera lograr lo mismo que tú has logrado.

"Ya, pero Ana, a lo mejor yo me dedico a algo que no tiene nada que ver con mi historia de superación".

Genial, no pasa nada. No siempre tenemos que dedicarnos a algo que nos ha generado traumas ya superados. Pero si te dedicas a eso, normalmente es por una razón que, si la escribes, tu cliente se sentirá identificado.

Por ejemplo, el hecho de que yo me dedique al mundo digital, es para poder ayudar a millones de personas a través de un medio que puede potenciar a todo aquel que sepa utilizarla correctamente, y poder enseñarlo desde un punto diferente rompiendo muchos de los paradigmas actuales.

No es que haya tenido ningún trauma en el mundo digital, al revés, creo que todo lo que me ha aportado es bueno y cada día aprendo más de cómo gestionarlo y poder hacerte ese hueco en el mercado que todos queremos, pero que a veces, vamos dando palos de ciego en el camino y, sobre todo, si es un camino desconocido como es la digitalización para muchos.

Eso es lo que me mueve para poder transmitir lo que mi cliente necesita desde la emoción que causa su desesperación por estar en un mundo que desconoce, y que en ocasiones le desespera no poder controlar.

Pero el *copy* no es solo el sobre mí. El *copy* es todo aquello que escribimos en los medios digitales para poder llegar a nuestro cliente ideal.

En las redes sociales, también escribimos a través de *copywriting*. Otra cosa es que la mayoría de las personas no lo utilicen y, por tanto, se centren en ellos como en el apartado del "sobre mí".

La mejor forma de poder entender el *copy* y el comportamiento de los clientes en función a lo que escribimos, es a través de la publicidad.

Si tu estrategia está basada en el conocimiento de las personas, tendrás mayor posibilidad de ganar en el juego que te propongas.

Hay una frase que refleja mucho todo esto que te he querido transmitir a través de este capítulo que es:

"Nuestro peor problema de la comunicación, es que no escuchamos para entender, si no escuchamos para contestar".

Cuando nuestra forma de escuchar cambie, la forma de comunicar, también lo hará. No quieras tener razón, desea tener entendimiento, y así el juego oculto de piedra, papel o tijera, será uno más dentro de los juegos que te ayudarán a potenciar tu negocio digital.

POLIS Y CACOS

Hay recuerdos que tengo grabados como si hubiera sido ayer. Estábamos en la piscina, en círculo, y tocaba repartir las cartas. Siempre me tocaba ser un ciudadano más, a la espera que me mataran o como mucho, me hicieran cómplice. Pero ese día, las cartas tenían algo diferente para mí.

Levanté la carta, y ahí estaba, el AS de bastos. Mi cara debió de ser un poema. Suerte que pude reaccionar a tiempo y hacer como si me hubiera tocado la carta de siempre. Aun así, notaba la mirada de todos en mí y eso me ponía más nerviosa de lo que ya estaba. Tenía una misión y no sabía cómo la iba a desempeñar, porque era la primera

vez que me tocaba ser caco. Debía elegir bien al que sería mi cómplice y debía empezar a matar uno a uno sin llegar a ser descubierto por el *poli*.

Empecé a trazar una estrategia. Pero mi plan se cayó al ver que mi mejor amiga era el *poli*. ¡Madre mía! Me conocía mejor que nadie. ¿Tenía que ser ella el *poli*?

Mis días estaban contados.

Sin embargo, mi mente competitiva siguió trazando el plan, y sí, ella me conocía mejor que nadie, pero yo también la conocía a ella y, sabía qué acciones harían despistarla. Así que hice de cómplice a aquella persona con la que menos relación tenía, y maté a la persona que, después de mi mejor amiga, podría ser mi cómplice. Pero algo tenía que hacer para despistar.

De hecho, así fue como poco a poco fui matando uno a uno a todos los que estaban allí, y el *poli*, fue incapaz de capturarme. Conseguí, en mi primera partida como caco ganar la partida.

Disfruté como nunca esa victoria, estaba llena de emoción que expulsaba por cada poro de mi piel. Había conseguido completar la misión.

El juego de Polis y Cacos, se juega con una baraja de cartas española, donde hay tres figuras claves. La "salvadora" que es la sota de oros, el *poli* que es el rey de oro y el caco que es el As de bastos. El resto de las figuras se integran en función a los participantes que haya. Cuantos más jugadores, más divertido.

La salvadora se encarga de resucitar a cada uno que van eliminando. Pero el *poli*, se tiene que encargar también de detenerla.

El caco, puede hacer a alguien de la partida cómplice, y de esa forma, le ayudé a matar al resto de participantes.

Ahora sí, el juego puede comenzar.

La verdad que este juego me trae muy buenos recuerdos, pero, así como en los anteriores que te he explicado, hay un juego oculto detrás.

En este capítulo te voy a hablar de la publicidad digital. Esa misteriosa publicidad que algunos venden como algo divino y otros no son capaces de entender.

Y es que, en la publicidad tú eres como un caco, dispuesto a convencer al *poli* de que tus intenciones son buenas. Ese caco, son las empresas en las que queremos poner la publicidad, es decir, las redes sociales y Google.

Aunque podemos publicitarnos en otras empresas, o incluso, en *blogs*, revistas y empresas privadas, las más conocidas, y por las que más se ha facturado, son las redes sociales.

Al final, es como poder ser caco en una plataforma donde hay millones de jugadores a los que poder mostrar nuestros servicios o productos para poder vender a mucha más gente, de las que, de forma orgánica, tenemos la capacidad de llegar.

Poder colgar un anuncio, sobre todo en Facebook, se ha convertido en una tarea prácticamente de estrategia, para poder convencer que el anuncio cumple con la normativa que debe.

Te preguntarás, ¿y por qué Facebook pone tantos problemas para que la gente pague por anunciarse? No debes olvidar que, en las redes sociales, hay millones de personas, y que al final, Facebook es responsable de aquellos anuncios que pone. Es por ello que todo lo que pueda perturbar a otros usuarios, lo prohíbe. De esa forma, Facebook, en este caso, se protege de posibles denuncias y, sobre todo, se protege de lo que establece la Ley de Protección de datos.

Obviamente, esta normativa cambia mucho en función del país en el que te encuentres, ya que, por ejemplo: en Estados Unidos puedes incluso poner un anuncio para personas que cobren más de cien mil dólares al año.

Aquí en España esa información es demasiado sensible para lo que la Ley ha establecido y, por tanto, ni se pregunta y no se puede informar. Por tanto, no puedes hacer anuncios con ese filtro.

Poner un anuncio en Facebook, para personas que no están habituadas, puede ser la misma sensación que yo tuve cuando me tocó ser caco por primera vez. No sabes cómo va a reaccionar, si te rechazaran el anuncio e incluso, si te bloquean la cuenta.

Y es que, aquí se encuentra el juego oculto que, como todo en la digitalización, la publicidad también tiene un juego oculto, que te voy a contar para que no sientas que estás siendo un caco cada vez que pones un anuncio.

En primer lugar, quiero explicarte que no es lo mismo poner un anuncio en Google que en Facebook. Cuando alguien quiere buscar algo, lo hace en Google. Sin embargo, en redes sociales, somos nosotros los que nos mostramos a personas que están en la red.

Por eso, la información para poner un anuncio en Facebook es clave.

Ten en cuenta que cuando pones un anuncio en Facebook, lo que estamos haciendo es mostrarnos a aquellas perso-

nas que creemos que les puedes interesar lo que estamos ofreciendo. Por tanto, el secreto está en la segmentación de las personas que hagamos, porque será clave para que realmente las personas a las que le mostramos el anuncio sean potenciales clientes y, por tanto, el gasto por *lead* sea menor.

Sin embargo, cuando ponemos un anuncio en Google, tenemos que pensar cómo esa persona nos hallaría para poder poner esas palabras de búsqueda y, de alguna forma, pujar por aparecer en los primeros en la búsqueda.

Seguramente, cuando te diga esto, pienses que tiene mucho más sentido anunciarse en Google, que en Facebook. Al final, si estamos vendiendo zapatos, es más sencillo que te compre una persona que busca zapatos que filtrar a personas que le pueden interesar comprar unos zapatos. Podemos llegar a pensar, que a la hora de segmentar las personas que pueden estar interesadas en comprar zapatos, puede estar en la edad y el sexo, pero poco más. Y es aquí donde está el juego oculto.

Pensar desde la generalidad es lo que nos está haciendo que nos equivoquemos cada vez que ponemos un anuncio, bien en Google como en Facebook.

Porque al querer poner un anuncio en Google, no siempre que una persona ponga zapatos bonitos, quiere comprar zapatos. A lo mejor está haciendo un informe y quiere imágenes de zapatos chulos para poner en el informe. Y el hecho de que aparezcamos los primeros, puede costarnos muy caros si ponemos búsquedas tan corrientes.

De ahí que pensemos en la singularidad de nuestros productos y servicios, porque ahí está la clave de todo, el juego oculto de la publicidad.

Si tus zapatos están hechos para mujeres que quieren llevar tacones, pero que a lo largo de la noche les duele, lo más seguro es que busquen en Google zapatos que no duelan los pies, o zapatos cómodos de tacón, etc.

Cuando ponemos en la búsqueda directamente el problema que solucionamos es más probable que nos puedan comprar. Pero aquí no queda todo. El trabajo de la página de aterrizaje para convencer a la persona de que tus zapatos son únicos, es un trabajo que hay que realizar en este mismo proceso.

Piensa que es como un camino que recorre un potencial cliente. Si entra está paseando por un centro comercial, y ve un escaparate donde aparece un dos por uno, puede que ese mensaje le llame la atención. Pero cuidado, tiene que entrar en la tienda, y a través de las sensaciones que le transmita la tienda, ese cliente se aprovechará o no de la oferta. Y con esto me refiero, a ese trato personalizado que nos gusta recibir a veces cuando entramos al lugar seleccionado y que el diseño de los zapatos se adapte a nuestros gustos. Todo eso, hay que trabajarlo en profundidad, sino queremos que la persona que entra en nuestro local digital se vaya nada más haciendo clic en el anuncio.

Lo mismo ocurre en Facebook, pero aquí me voy a detener de forma diferente para explicarte algo, que a lo mejor nunca te habían contado.

Como te explicaba anteriormente, esto es como un camino, en el que el primer mensaje es clave para que clientes potenciales puedan entrar en tu local digital. Este mensaje clave, es lo que conocemos por los anuncios.

Pero vamos a ir más allá, ya que siempre pensamos directamente en la venta. Es decir, siempre estamos pensando

en la forma de transformar, cómo hacer que una persona cuando entre a nuestra tienda nos compre.

¿Crees que alguien necesita entrar en Zara para saber lo que se va a encontrar dentro? Cómo mucho saber la ropa de la nueva temporada, pero alguien que va a Zara sabe lo que se va a encontrar.

Con esto me refiero, que estamos constantemente pensando en vender, sin hacer los pasos previos, que es precisamente que nos conozcan.

Facebook tiene diferentes objetivos en los anuncios. Estos objetivos están divididos en tres bloques, que son reconocimiento, consideración y conversión. Esto es el flujo que todos deberíamos de utilizar a la hora de empezar a publicitarnos en redes.

Pero no, preferimos ir como cacos arriesgados, directamente a la última fase de conversión, donde, la estrategia, deberá de ser muy buena para poder conseguir los resultados que quieres.

Te voy a explicar la diferencia entre estos tres bloques de objetivos, para que puedas comprender la importancia que tiene, y que, en realidad, la gente ni lo utiliza, y de ahí los resultados tan pésimos en la mayoría de los anuncios que se ponen.

El primer objetivo, es el de reconocimiento y se divide en reconocimiento y alcance. Básicamente se trata de que la gente empiece a identificarte. Es decir, su objetivo principal es mostrar quién eres, para que la gente empiece a distinguir. Esto es fundamental en un proceso. De ahí la diferencia entre la tienda de Pepi y la de Zara. En la tienda de Pepi, no sabes qué te vas a encontrar, porque no la conoces. Sin embargo, en Zara sabes qué tipo de ropa vas a conseguir.

Pues en el terreno digital pasa lo mismo. Primero trabaja porque la gente te conozca, porque identifique lo que haces. Luego preocúpate en entender lo que necesitan, y no al revés.

Cuando haces una campaña de reconocimiento, lo normal es poner un vídeo o un post en el que muestres tus valores, información que haga que la gente quiera saber más. Esto es clave. Si no muestras contenido de valor, da igual que empieces por el principio, porque la gente, no te seguirá. Aunque sí puedes conseguir que te reconozcan, pero el proceso de confianza es mucho más largo.

Piensa que las personas tenemos una primera impresión, en donde los primeros segundos son claves para que esa persona tenga una buena o mala impresión de nosotros. Si la impresión es mala, se puede cambiar, pero costará más. Por eso es importante esa primera impresión que queremos causar, que no es la misma que la impresión de querer agradar a todo el mundo, porque eso, permíteme decirte, no es posible. Así que no te centres en hacer algo que guste a todo el mundo, porque es ahí cuando entras en la generalidad de lo que hace todo el mundo. Sé disruptivo, único, pero, sobre todo, sé tú mismo.

Lo bueno de estas campañas, es que la puedes dejar activa siempre, para seguir dándote a conocer. Siempre y cuando el anuncio funcione de forma correcta. Si no, deberás de analizarlo y cambiar aquello que consideras que no está siendo acertado.

Decirte, que todo en la vida tiene caducidad. No pretendas dejar ese anuncio que te ha funcionado de por vida, por-

que dejará de tener efecto tarde o temprano. Es importante ir cambiando, pero siempre con la misma esencia.

Ahora que ya hay gente que te reconoce, puedes pasar al siguiente punto del camino, a la fase dos o la parte media del *funnel* o como prefieras llamarlo. En esta etapa, el cliente ya te reconoce, por lo que puedes hacer que interaccione. Pero ya está. No quieras pasar de que te reconozca a pedirle que se case contigo, porque probablemente, se irá corriendo.

Ahora es tiempo de jugar, de que interaccionen contigo, que te pregunten o te contesten, que te hablen, que comenten, que le den a me gusta. Esta fase es clave para que la siguiente tenga una mayor conversión.

En esta fase, puedes tener muchísima información de estos clientes potenciales que están interaccionando, y toda esa información la podrás utilizar en tu próxima y última fase.

Una vez que ya tu cliente potencial ha recorrido todo el camino, ahora sí puedes hacer la campaña que más deseas. La de conversión. Y, ahora sí la campaña va a funcionar muchísimo mejor que si lo hubieras hecho desde el inicio. Pensarás que es algo básico. A nadie nos gusta que nos vendan por la calle sin preguntar. ¿Acaso te agradan esas personas que se te acercan en el centro comercial, con un puesto para hacer tarjetas de crédito a decirte si quieres tener una?

Obviamente, la mayoría de las personas salen huyendo. Y digo la mayoría, porque obvio que hay otras que les interesa, y bueno, ¿por qué no? Relleno mis datos, y listo. Una venta más. Pero realmente se están preocupando por lo que quiere o necesita esa persona. No, obviamente no, están jugando con los porcentajes de transformación, y es ahí precisamente, cuando deshumanizamos, en este caso la digitalización.

Cuando nos hablan de porcentaje, cuando nos hablan de números y solo de dinero, permíteme que te diga, que no están yendo al problema de la cuestión. Y es precisamente el juego oculto de la publicidad. No se trata de vender por vender. Se trata de que las PERSONAS, pasen por un camino donde tú como guía les estás acompañando, les estás ayudando, les estás ofreciendo valor.

Cuando una persona siente que le están dando valor, se sentirá en deuda contigo, sentirá confianza y, sobre todo, querrá trabajar a tu lado, porque durante ese camino, se ha sentido importante, se ha sentido una persona y no un simple número.

Pero como todo, ¿quién va a gastar dinero en que te conozcan? ¿Quién invierte en publicidad sin recibir nada a cambio? ¿Quién espera un proceso tan largo para poder obtener resultados, cuando lo puedo tener desde 0?

Pues ahí está el juego oculto, y eso, las empresas lo saben. Saben que queremos resultados ya, saben que queremos dinero y que nuestro negocio funcione. Pero cuando nuestra mirada está precisamente en cómo generar dinero rápido, es cuando más lejos nos encontramos de conseguir nuestro propósito.

El juego oculto se trata en ser un caco, que poco a poco, y sin que sospechen, se acerca a las personas para poder brindar su confianza y que pueda, a través de sus servicios o productos, ayudar a cada persona que tiene cerca.

Recuerda, que la digitalización, no se trata de un sistema de robots donde aprietas algo y se convierte en oro, ni

en el que tú ya tienes tus cartas. Se trata de que precisamente, con las cartas que te han tocado, seas capaz de analizar a las personas como lo que son, personas y no números. Y ahí, tu partida, habrá comenzado.

EL AJEDREZ

¿Sabías que hay una jugada en el Ajedrez donde con tan solo dos movimientos eres capaz de hacer *jaque mate* a tu contrincante? En la digitalización pasa exactamente lo mismo, el problema, es que no somos conscientes y no vemos la jugada por ningún sitio, ya que no tenemos ni idea de cómo se juega al Ajedrez en el ámbito digital. Pero no te preocupes, porque en este capítulo resolverás la duda de la estrategia oculta en la digitalización.

El Ajedrez es un juego que a veces es considerado para gente que le encante las matemáticas, de ciencias o más inteligente de lo normal. La verdad que no me considero ninguna de las tres y, aun así, es uno de mis juegos preferidos, ya que pienso que las estrategias en un tablero son múltiples, y cuanto más juegas, más te das cuenta de lo mucho que te queda por aprender.

Es un juego con mucha simbología, en cada una de las piezas, como en el tablero. En total hay treinta y dos piezas, dieciséis blancas y dieciséis negras. Cada jugador, cuenta con ocho peones, dos torres, dos caballos, dos alfiles, un rey y una reina.

Cada pieza, tiene un movimiento diferente, y de ahí que la estrategia en el juego sea múltiple.

En el Ajedrez, como en la digitalización, tienes que anticiparte a tu contrincante, no en una jugada, sino en todas. Tienes que analizar cada una de las posibilidades, para que el movimiento que realices sea el más adecuado a la partida que estéis jugando.

Pero ¡cuidado! El tiempo corre… y tampoco puedes analizarlo todo con demasiado detalle si tu cerebro no es capaz de ver todas las jugadas de forma rápida. En caso de que tardes demasiado, el tiempo se acaba y pierdes la partida.

Y eso pasa mucho en el ámbito digital. Personas que por perfección se bloquean y no llegan a lanzar nunca su producto.

Con el tiempo y mi experiencia en la parte digital, me he ido dando cuenta que una de las carencias más importantes es la falta de estrategia.

Al final, todo se reduce a las estrategias que a otros les ha funcionado, y eso, al igual que en el Ajedrez, ya no funciona.

Si todos hacemos la misma jugada de Ajedrez siempre, conoceremos los movimientos de nuestro contrincante con el tiempo.

¿Qué está pasando en la actualidad? Pues que cada vez hay más personas digitalizándose, emprendiendo a nivel digital, y eso hace que terminemos conociendo las estrategias de todos, porque estamos haciendo todos lo mismo.

Como habrás observado, soy una persona que aboga por la disrupción, las cosas diferentes, pero por la coherencia también.

En el ámbito digital, cuando empezamos a mover ficha, podemos hacer como en el Ajedrez, mover los peones o mover el caballo. Piensa que los peones están tapando a la torre, caballo, alfil, rey y reina. Eso hace que solo los peones y el caballo, que puede saltar piezas, puedan moverse nada más al empezar la partida.

La jugada no está en ser diferente moviendo el caballo (cosa que te dará igual, porque tarde o temprano tendrás que mover el peón), sino de los ocho peones que tienes, cuál es que, moviéndolo, hará que la jugada que tienes creada en mente se cumpla.

Pero si te das cuenta, los jugadores profesionales de Ajedrez, ponen mucho foco en la partida al principio. Es como si supieran que, al empezar, no hay competencia. Cada uno está preparando su estrategia moviendo las fichas de forma rápida.

Sin embargo, en el emprendimiento digital, los comienzos son muy lentos, haciendo que, con el tiempo, vayan cogiendo velocidad. ¿Sabes los motivos de que los emprendimientos digitales vayan lentos? Son dos:

El desconocimiento y la mentalidad de escasez económica. Y digo dos, pero en realidad, todo se resume a este último.

Al igual que un jugador profesional de Ajedrez, empieza la jugada de forma rápida hasta colocar sus fichas, un empresario o empresaria de éxito tiene clara su estrategia para abrir una nueva empresa. Y es que, no solo tiene el conocimiento de haber abierto más empresas, sino que tiene el dinero suficiente para delegar en aquellas personas que sabe que son especialistas en lo que a él o ella no le interesa.

En este capítulo, te quiero dejar los siete movimientos claves para que puedas tener tu propia jugada maestra.

Como he comentado anteriormente, tenemos cinco piezas diferentes en el tablero (el peón, la torre, el caballo, el alfil, el rey y la reina).

Cada una de ellas tiene una jugada y unas acciones específicas que te ayudarán a tener esa jugada maestra en la parto digital.

En la digitalización, estamos constantemente recibiendo *inputs* de ofertas y cursos con promesas idénticas. Y el problema es que, si todos terminamos ofreciendo lo mismo, cuál es el verdadero valor que aportamos cada uno de nosotros.

A mí me encanta que la gente enseñe su metodología, pero hay una cosa que la mayor parte de los emprendedores se olvidan a la hora de enseñar, que es la importancia de recalcar, que esa metodología que están aprendiendo, tienen que aplicarla con su propia identidad.

Si yo he ganado una partida de Ajedrez moviendo solo dos movimientos, ¿crees que si vuelvo a jugar volveré a ganar

en tan solo dos movimientos? Pues te aseguro, que va a depender de muchos factores, y eso no implica que la jugada no haya sido cierta, si no que no en todo el mundo aplica la misma estrategia.

Veo a muchos emprendedores frustrados por creerse incapaces de emprender, pensando que no deberían haber invertido ni dinero ni tiempo en algo que nunca lograrán. Pero eso sucede porque se olvidan del motivo por el que empezaron a emprender con tanta estrategia externa.

Y aquí es donde tenemos el primer movimiento, que es la identidad en tus movimientos. Los movimientos tienen que ser tuyos. Las jugadas maestras no se construyen todas de igual forma.

Aunque parece que el Ajedrez siempre se juega de igual forma, cada jugada es un mundo diferente y, por tanto, única. No dejes que lo que te digan los demás te haga hacer lo que realiza todo el mundo en las redes. El tablero es tuyo y, por tanto, debes mover las piezas en función a tus creencias, valores y, sobre todo, a tu esencia.

El segundo movimiento he querido llamarle la jugada del peón. El objetivo de los peones es dual. Aunque ambas recaen en el mismo, que es la del sacrificio.

La primera opción es el sacrificio en beneficio de las grandes figuras. De hecho, grandes maestros del Ajedrez sacrifican pronto a sus peones para dejar más huecos en el tablero. Y aquí quiero dejar claro qué significado tiene esto en la parte digital.

Hay una lucha por ser el referente de cada sector, que a veces, no somos conscientes que estamos luchando por ser referentes en un sector que no nos corresponde. Y

por qué digo esto, pues porque lo he vivido en primera persona.

Yo he sido la primera persona en querer ser referente con mi marca personal, pero no era la marca personal lo que tenía que trabajar en ese momento, no de esa forma. Tenía que estar por y para mis clientes, que son los que trabajarían mi marca personal.

Y ese es uno de los problemas. No nos damos cuenta de que no podemos ser siempre el rey en la partida de Ajedrez. Que, si te ha tocado ser peón, actúa como tal y brilla en el tablero haciendo lo mejor que sabes hacer como tablero, aunque eso signifique sacrificarte por otros.

Cuando yo entendí esto, me di cuenta, que yo no tenía que brillar en el tablero, sino que mi foco y mi propósito estaba en hacer brillar a otros en sus negocios, a través de los valores que siento en la parte digital.

El otro objetivo del peón es llegar al final del tablero para sacrificarse como peón y recuperar a la reina, en caso de pérdida. Para poder conseguir eso, el peón ha ido paso a paso, de frente, y evitando que le eliminaran por el camino, hasta llegar a la otra parte del tablero.

El mayor sacrificio de cualquier emprendedor y empresario, y que le diferencia de muchos emprendedores, es la constancia en la parte digital.

La constancia es lo que te hará convertirte en reina. Y aquí es otro de los problemas que veo en el emprendimiento digital. Tengo la sensación de que las personas emprendemos por fascículos. Como decía antes, vamos poquito a poquito, con incluso pausas por el camino replanteándonos si realmente estamos haciendo aquello que queremos

hacer o no. Te aseguro, que no conozco a nadie que haya tenido éxito y no haya sido constante. La mayoría de los emprendedores, en la parte digital, quieren una fórmula mágica, ejecutarla y que funcione a la primera, y no se trata de eso. Lo realmente importante es que la gente encuentre su propia motivación, y ejecutar la jugada de forma constante sin aparcarla para otro momento y llegar al fondo del tablero para convertirse en reina.

Al tercer movimiento lo he denominado el salto del caballo. El caballo es un animal que para muchas culturas está relacionado con los cuatro elementos. Se dice que Poseidón fue el creador del caballo por devoción a Ares y Hades.

El caballo simboliza la vida, la fertilidad y el renacimiento.

El movimiento del caballo representa la dualidad de los opuestos, donde en cada movimiento, va cambiando de color en su posición. Al igual que en la parte digital, los movimientos que realices, deben jugar con las herramientas que tienes a tu alcance. Mueves ficha, y la herramienta se adapta a lo que tú estás haciendo. Si finalmente, es la herramienta la que hace que te adaptes a ella, es porque no es tu herramienta o porque no estás entendiendo bien la forma en la que te puede ayudar.

Con herramientas me refiero desde redes sociales, a *landing page* (recuerda que son las páginas donde tus clientes potenciales aterrizan para dejar sus datos y realizar con ello la estrategia digital que consideres) aplicaciones, etc.

No puedes adaptarte a una herramienta. Tienes que encontrar la herramienta que se adapte a ti. Por mucho que te hayan recomendado diferentes herramientas para tu negocio, cada persona es muy diferente, y eso no significa que no te fíes de lo que diga tu amigo, compañero o mentor. Pero es importante que respetes lo que tú sientes con las herramientas y, sobre todo, lo que ellas te aportan, porque si empezamos a escuchar lo que nos recomiendan otras personas, es cuando empezamos a dejar de lado nuestra esencia.

Tienes que entender realmente cómo esa herramienta te puede ayudar.

Imagínate que a Mozart le hubieran dicho que tocase la flauta, porque la flauta es un instrumento que llega a muchas más personas y eso podría hacerle un músico de referencia. ¿Crees que habría dejado de tocar el piano para adaptar su música a la flauta? Pues eso es lo que estás haciendo cada vez que alguien te dice que hagas algo para poder llegar a más gente. Te aseguro, que nunca vas a llegar a tanta gente como el día que hagas las cosas que realmente sabes hacer bien y con ello, ayudes a otras personas.

El cuarto movimiento lo he llamado el foco del alfil. Te aseguro que este movimiento es clave para el éxito. La especialidad del alfil es moverse siempre por el mismo camino, con las ideas claras y en el mismo sentido. No le verás moverse por la dualidad de colores, ni con diferentes movimientos, el alfil es firme y claro.

Estoy segura, de que muchas veces has empezado una cosa, luego has empezado otra, de repente has añadido un curso, y así hasta no tener foco en ninguna de ellas y dejarlas todas.

El alfil en la parte digital, es clave. Cuando quieras crear algo, créalo, termínalo, lánzalo, vende y a partir de ahí, crea otros productos si quieres.

Pero normalmente, en la fase de creación, nacen otras creaciones que hacen que te desenfoquen del primer producto para empezar el nuevo. El motivo de que nos suceda esto, pueden ser varios. El aburrimiento por tener el foco en un producto y, por tanto, que tu cabeza vaya a mil para crear muchas cosas a la vez o la falta de constancia e incluso, el perfeccionismo, que pueden bloquearte y hacer que pases a otra cosa.

En cualquiera de los casos, termina el producto creado viendo en qué lo puedes perfeccionar, mejorar, añádele más esencia, lo que tú quieras, pero lanza el producto o servicio. Sobre todo, para transmitirle a tu subconsciente, que lo que se empieza, hay que acabarlo. De esa forma, si eres impulsivo, harás que otra vez analices mucho más el producto o servicio que quieres lanzar.

Al quinto movimiento lo he denominado la delimitación de la torre.

La función principal de la torre es delimitar el espacio del juego. Simbolizan el castillo interior y una fortaleza, como una muralla medieval que protege al rey. La delimitación, nuestro castillo, donde realmente realizamos cada una de las estrategias de nuestras jugadas, debe ser una vez hayamos conocido a nuestro cliente, a esa persona que le vamos a dar acceso a que entre a nuestro castillo, y que, para ello, debe de tener unas características para entrar.

Es importante que no dejemos entrar a cualquiera, porque nos pueden destruir el castillo en cualquier momento.

A través de formularios puedes tener tu "juego" o tu partida, donde cada cliente que llega para "jugar", se encuentra con una "muralla" que deberá franquear y que tú deberás evaluar.

De esta forma, no solo estarás protegiendo tu negocio, sino que estarás siendo mucho más efectivo a la hora de ayudar a otras personas.

Hay algo que he aprendido en esta vida, y es que no todo vale, no puedes ayudar a todo el mundo, pero si quieres ayudar a muchas personas, tienes que seleccionar muy muy bien al principio, las personas con las que quieres trabajar, porque serán las que sobre todo te ayuden a conseguir tu propósito.

El sexto movimiento lo he denominado la multipotencialidad de la reina.

La reina puede hacer muchos más movimientos que el rey, es más, si te quedas sin reina, prácticamente tienes la partida perdida. Aunque siempre puedes tener a un peón que se sacrifique por llegar al final y se reencarne en la reina que necesitabas.

La reina es la capacidad de adaptación. Una de las cosas que me he dado cuenta, es que las personas con mayor flexibilidad de adaptación tienen, mayor capacidad poseen a la hora de cambiar y mejorar su negocio. Y es que, al igual que la reina, pueden moverse de un lado para otro, de forma horizontal, vertical, diagonal. Tiene el mismo movimiento que varias de las piezas que hay en el tablero.

La adaptabilidad nos va a dar la flexibilidad de movernos como pez en el agua en la parte digital con nuestro negocio. Si somos rígidos al cambio, cuadriculados con nuestra forma de actuar, de mente cerrada, va a ser mucho más complicado, porque eso es como tener una reina que no quiere moverse ni proteger al rey.

Pero hay algo que siempre debes respetar. Y es que la reina, siempre será reina, a pesar de adaptarse a cada uno de los movimientos. ¿Qué quiero decir con esto? Que nunca dejes de ser tú mismo por adaptarte a la parte digital. No dejes de hacer lo que mejor sabes hacer por adaptarte. La digitalización es importante, y si estás leyendo este libro, entiendo que para ti lo es. Pero si hay algo que hace que te desvíes de tu objetivo, es mejor que lo delegues o lo apartes.

Y el último movimiento, como ya habréis podido observar es la del rey. Y, aunque el rey hace los mismos movimientos que la reina, pero de uno en uno, si el rey muere, se acabó la partida.

Hay una estrategia, una jugada maestra, un movimiento que supera a todos los que hemos visto. Esa estrategia es la de SER UNO MISMO.

El Ajedrez se mueve en la dualidad del *yin* y el *yang*, el bien y el mal, pero casualmente, hay sesenta y cuatro cuadrados, de los cuales la mitad, están ocupados por las piezas. Pero es que, el sesenta y cuatro, como en el cálculo de la numerología, es 1. Solo hay un tablero, y el significado del tablero y del rey, es que es nuestro personaje en la jugada.

Nosotros somos el rey constantemente, hacemos lo posible para protegerle, para que le vaya bien. El resto de las piezas ejecutan nuestra estrategia, nuestros movimientos, nuestras órdenes, y rara vez verás moverse al rey.

Si se mueve, es porque no hay nada que le proteja. Por eso es importante que contemos con las seis jugadas anteriores, pero esta última, es fundamental, sin ella, no habría partida.

Como reflexión final, te diría que no hay estrategia sin rey, ni rey sin estrategia. Así que, aunque seas tú mismo crea tu propia estrategia, y si ya la tienes, no olvides quién eres.

CATÁN

Con dieciséis años, podía decirse que era una rebelde sin causa. Pero en realidad era una joven con ganas de salir y disfrutar con mis amigas, las cuales todas eran mayores de edad.

Todo esto, dificultaba la estancia en mi casa. Esa época en la que todo el mundo reconoce como la adolescencia. “Madre mía, verás cuando sea adolescente”. ¿Te suena? Pues con ocho años, no haces mucho caso a esa frase, es más, piensas que con esa edad serás una adulta que puedes hacer de todo. Y ahí estaba la clave, creerte que con dieciséis años te puedes comer el mundo saliendo diariamente al parque con tus amigos. Quien dice parque, dice fiesta o cualquier sitio. Cualquier espacio era válido para no estar en mi casa.

La situación en mi casa, cada vez se complicaba más. Era como una cuerda que se tensaba cada vez más, porque mis padres tiraban para un lado, y yo para el lado contrario. A ver quién podía más.

Ellos, en la figura de padres, y con la autoridad que querían tener, les tocaba estar firmes para no permitirme nada de lo que yo quería. Y yo, por el contrario, mi lugar de rebeldía era no hacer nada de lo que ellos me dijeran que hiciese.

Por tanto, tanta tensión hizo que me planteara irme de casa. Sí, con dieciséis años, me planteé irme de casa. Creo que yo y la mayoría de los adolescentes. El problema, es que yo, si me proponía algo, iba a por todas.

Empecé a investigar, cómo una niña de dieciséis años podía irse de casa. Estuve mirando que el defensor del menor podría tomar cartas en el asunto, pero no en mi caso. Y por fin, encontré la respuesta que estaba buscando.

Hay una Ley que permite a los jóvenes de dieciséis años emanciparse, pero siempre, con el permiso de los padres.

En ese momento pensé: “¡Mierda! Ni de coña me van a dejar mis padres irme de casa”. Yo era consciente de que esa cuerda estaba tensa porque cada uno tiraba para un lado diferente.

Así que me tocaba pensar, saber cómo iba a afrontar ese momento para poder salirme con la mía. Analicé cada situación, estudié lo que me podían llegar a decir, cada caso,

hasta asegurarme, que podía conseguir que me firmaran la emancipación.

Así que, decidí negociar con ellos. Y tenía claro cómo hacerlo. Algo en el que ambas partes saliéramos ganando.

Llegó el día, en que, les senté en la cocina, y les dije que quería emanciparme. Me miraron y empezaron a reírse. Lo que había pensado en un primer momento, ni de coña me iban a dejar irme de casa.

Así que, les expliqué absolutamente todo lo que había investigado, qué supondría. Ellos no tendrían responsabilidad conmigo, sería yo la única responsable de mí misma. Aun así, no les convencía la idea. Y no me extraña, cada vez que pienso que, si mi hija con dieciséis años me dijera que se quiere ir de casa, creo que los miedos me vendrían de golpe.

Pero ahí saqué mi astucia para negociar, sabiendo que la emoción es algo con lo que se puede ganar. Los miré y les dije: “Sabéis que las cosas cada vez están peor. Cada uno está luchando por sus intereses, y si no me dais la emancipación, con dieciocho años me iré sin querer saber nada de vosotros ni vosotros de mí”.

Esa frase fue clave. Recuerdo que se miraron como, tiene razón, pero no podemos decirle que sí.

En ese momento, me di cuenta, que solo quedaba un pequeño empujón, que ya los tenía casi convencidos. Y retomé la parte más racional, la parte en la que le explicaba el proceso y que obvio, todos los gastos corrían de mi parte.

¡Ya estaba! Negociación cerrada. Me dijeron que sí y ahí empezaron los trámites, que un año más tarde, conseguí cerrar para poder emanciparme con diecisiete años.

El juego que te voy a explicar hoy es precisamente eso. Pura negociación. Todavía me acuerdo la primera vez que jugué.

Estaba en casa de una amiga, cuando me hablaron de este juego. Me lo dijeron como si fuera un juego que tuviera que conocer y, la verdad, que nunca había escuchado hablar de ese juego.

Mi amiga, que me conoce muy bien, me dijo: "Este juego te va a encantar". Así que, como todo lo que tiene que ver con el juego y la estrategia a mí me encanta, presté atención para aprender a jugar, pero, sobre todo, para ganar.

Cuando vi el tablero, me quedé un poco descolocada. Básicamente, son diferentes piezas hexagonales, y cada una con hierba, piedra, trigo y árboles. Ya está, no tenía nada más. Vi cómo iban poniendo unas fichas circulares encima de cada hexágono. Yo no entendía absolutamente nada. Me dieron unas figuras para que las pusiera donde yo quisiera. Obviamente, había estrategia a la hora de elegir dónde ponías las piezas. Por eso, se tenía que ver tirando a los dados, el orden de poner cada pieza. Eso, puede definir la partida.

Hasta aquí, toda tu estrategia, daba igual, porque hasta que no se dieran la vuelta las piezas redondas, nada estaba claro.

En fin, como novata, empecé a observar cada una de las acciones que iban realizando ellos, y lo poco que me iban explicando sobre la marcha, como si yo tuviera una gran agilidad mental para captar cómo se juega cualquier juego de mesa.

Bueno, ya teníamos todo. Cada uno habíamos puesto las piezas donde considerábamos que podíamos tener una

buena jugada. Y ahora, solo quedaba dar la vuelta a los círculos.

Ahí estaban, el seis y el ocho donde yo había puesto mis piezas. Hasta ese momento, seguía sin entender absolutamente nada. Me miraron todos como, "ya está, la suerte del principiante". Seguía sin ver dónde estaba la suerte, hasta que ya, una vez todo colocado, me empezaron a explicar el juego.

El juego consiste básicamente en conseguir material suficiente para construir y expandir pueblos y ciudades. Para ello, tienes que tener varios elementos de cada material para poder construir: puentes, casas bajas o casas grandes.

Pero claro, no puedes construir, si no tienes al menos dos puentes conjuntos. Lo que complica aún más la partida.

Para conseguir material, tenías varias opciones, que los dados dieran el número donde tus ciudades son limítrofes o negociar.

Lo mejor de todo, es que había una ficha gris, que cuando sacabas dobles, te permitía ponerla donde quisieras, normalmente en aquellos números más fáciles de que el dado saque, como el seis y el ocho.

De esta forma, cuando los dados sacaban el número donde estaba la pieza gris o llamado el ladrón, no podrían coger el material que les correspondía, porque estaba bloqueado.

Esto hacía el juego aún más interesante. Así que empezamos a jugar.

El objetivo del juego era conseguir diez puntos, y eso se hacía a través de la construcción de pueblos y ciudades, las cuales, valían uno o dos puntos en función al tamaño.

Es decir, con cinco ciudades, ya habrías conseguido ganar la partida.

Cierto es, que había cartas que te ayudaban también a tener esos puntos y, por tanto, te facilitaban el no tener que conseguir las cinco grandes ciudades, sino con cuatro ya podías llegar a ganar la partida.

Es por ello, que la estrategia es clave, pero también la negociación.

Al igual que en la venta, estamos constantemente negociando. Por lo menos aquí en España, y en culturas, donde el regateo es libre. Pero en España, es como que tenemos una picardía superior, será por lo del Lazarillo, pero todos los españoles nacemos con un lazarillo interno.

En la digitalización, veo que la gente utiliza mucho menos esta gran herramienta. Es como que estamos cohibidos para negociar, nos cuesta entablar conversación o pedirle a una persona qué intercambio necesita para que nos dé algo.

Todo en esta vida es negociable. Hasta las cosas más impensables, como puede ser la venta en una tienda de un producto, hasta eso, es negociable.

El secreto, está en saber cómo. Y es lo que te voy a contar en este capítulo.

Durante mi emprendimiento, me he dado cuenta, de que hay personas que consideramos inalcanzables. Y ese es el primer error de cualquier negociación. Considerar a algo o a alguien inalcanzable, nos hace perder todas las oportunidades que podemos tener.

Cada vez me doy más cuenta de que cuando posicionamos a una persona por encima de nosotros, la negociación está perdida.

Como en todo juego, hay algo oculto detrás de todo ello. Y en la negociación digital, también está el juego oculto, en este caso, el juego oculto del Catán.

Pero antes de hablarte del juego oculto, quiero decirte que, al igual que a tus clientes hay que verlos como personas, a nuestros referentes, también hay que verlos como personas, no como héroes.

Un referente, al final, es una persona en la que queremos llegar a convertirnos, profesionalmente como personalmente.

Si tú ves a tu referente como un héroe, jamás pensarás que llegarás a ser como esa persona, porque al final, verás que tiene unos dones, que tú jamás lograrás tener, por tanto, lo posicionarás por encima, y no tendrás nada que hacer.

Pero eso nos pasa a todos. Cuando alguien nos habla con cierto fanatismo, le podemos llegar a considerar pesado o incluso, no tomarle en serio, ya que nosotros no nos vemos con los ojos que nos pueden llegar a ver el resto de personas.

Y esto, es un principio básico para cualquier negociación. Considerarte igual que la persona que está al otro lado, sea quien sea.

Otra cosa, es que puedas tener acceso directo o no con esa persona, eso es otro tema, también parte de la negociación, pero recuerda, todo en la vida es negociable, hasta un contacto directo con aquellos que más mediadores tienen.

Ahora sí, cuando hayas conseguido transformar de héroe a persona con aquella que quieras negociar, es cuando toca la parte de investigación y análisis.

Primero tienes que tener muy claro, qué necesitas de esa persona, el por qué y el para qué. Eso te dará la motivación suficiente para tener claro el límite de la negociación.

Cuando tienes claro lo que necesitas, es hora de ver qué opciones de negociación puedes asumir. Y aquí es cuando empieza la estrategia.

En este caso, tienes que mimetizarte con la persona con la que vas a negociar. Al igual que en anteriores ocasiones lo has hecho para entender a tu cliente, ahora toca hacerlo con la persona con la que quieres negociar.

Deberás saber aquello que puede necesitar, que tú le puedes ofrecer y, sobre todo, donde tú le puedes ayudar.

Recuerda que la negociación, debe ser un *win to win*, es decir, que ambas partes ganen.

La mimetización será fundamental, para realmente, ser consciente de qué tipo de negociación es la que realmente le puede interesar.

Por ejemplo, supongamos que eres una persona que estás deseando acceder al curso de un referente, pero no tienes el dinero suficiente para poder acceder al curso.

Intenta ponerte en su piel, qué harías tú, si una persona te dijera que no tiene el dinero suficiente para pagar tus servicios. Qué es aquello que esa persona puede necesitar que tenga el valor de lo que te queda por pagar.

Piensa que el valor es algo subjetivo. Que no todo es dinero, y la mayoría de las personas somos conscientes de ello. Estamos rodeados de valor, y no somos ni conscientes. Las cosas materiales como inmateriales tienen un valor. El que la persona quiera darle o acepte.

Por eso, es fundamental que investigues, que tengas paciencia y que por supuesto, esto es muy importante, que tengas la certeza de que tu negociación será infalible.

En el Catán, cuando quieres construir una ciudad, y no tienes una carta de material para hacerlo, debes preguntar a los jugadores, si tienen esa que te falta. En caso de que la tengan, te tocará negociar para que te la quieran dar.

Tú no sabes las cartas que tiene, ni tampoco lo que necesita. Es importante indagar. Ver su jugada, sentirte cómo esa persona, ver aquello que puede lograr si le das alguna de tus cartas. Para ello, debes ver dónde están sus recursos limítrofes, para saber qué es lo que más le cuesta conseguir.

En caso de tú tener aquello que más le puede estar costando conseguir, tienes ya casi la negociación hecha, porque, aunque solo tenga una carta de lo que tú necesitas, si esa persona también la necesita, solo tienes que convencerle, de que esa carta la puede conseguir pronto, mientras que dos del material que no tiene opción de conseguir, se las puedes dar en ese momento.

Tienes que estar con la mente muy abierta, ser muy observador de cada una de las jugadas y, sobre todo, de la acción de cada jugador.

En la digitalización, pasa exactamente lo mismo. Debes ser muy observador, para darte cuenta de lo que realmente esa persona necesita. No es suficiente con suponerlo. Es más, es posible que tengas que preguntarle, contactar con esa persona o con su asistente. Debes investigar de verdad.

“Ya Ana, pero es que yo me muero de la vergüenza”. Entonces es que todavía le sigues viendo por encima de ti.

Estoy segura de que, si es con tu madre con quien tienes que negociar, no te daría tanta vergüenza o no estarías tan insegura.

De verdad, es clave el sentir que esa persona, es una persona cómo tú. Con necesidades diferentes, pero, al fin y al cabo, con necesidades. Y lo más importante, que seguramente, esas necesidades que esa persona tiene, tú no las tengas y se las puedas ofrecer.

Y ahí está el juego oculto del Catán, en la observación de la persona con la que quieres negociar, en valorar realmente a esa persona como si fuera tu amigo, como si le conocieras de toda la vida, para sentir, que es una persona igual que tú con necesidades muy diferentes.

Ahora sí, ya lo tienes todo para pasar a la acción. Pues con todo el armamento y la estrategia de negociación bien trazada, te lanzas a realizar la negociación.

"Y si me dice que no". Intenta preguntarle, qué necesitaría o por qué estaría dispuesto a negociar. Como se suele decir, todos tenemos un precio, y no siempre ese precio es económico.

"Ya Ana, pero voy a parecer de la mafia". Al igual que con el dinero, tenemos creencias muy negativas con la negociación. La contratación, es una de las mejores herramientas que tenemos para conseguir lo que queremos. Pero tenemos que pensar también en el bien del otro. No se trata de amenazarle, la idea es que la otra persona también gane con el trato. Si todos ganamos, ¿por qué nos sentimos mafiosos?

Todas estas objeciones, me las he puesto yo una y mil veces, y algo que he podido descubrir con el paso del

tiempo, es conocer a esas personas que tenía puestas por encima de mí, y ver que son iguales que yo, que se ríen, que tienen días malos, días buenos. Ahí es cuando realmente dejas de ver a las personas como grandes héroes y empiezas a verlas con ojos de admiración y pasión por aquello que están logrando.

Pero también, tienes que mirarte con esos mismos ojos. Porque si no te valoras tú, te aseguro que jamás serás capaz de negociar, ya que no le estarás dando el valor de lo que realmente eres capaz de hacer.

MIKADO

En cada juego, hay una competición. Alguien gana y, por supuesto, alguien pierde. Desde que estamos en el colegio, hay personas que aprueban y otras que suspenden. En clases extraescolares, hay niños que lo hacen bien, y otros, no tanto.

Vivimos en una competición constante. Pero no cambia cuando empezamos a trabajar. Al revés, posiblemente la cosa empeore, porque ahí, el mejor, gana más dinero, y cuando se habla de dinero, ya sabemos lo que pasa.

He estado durante catorce años trabajando en una empresa, donde la competencia era el pan de cada día.

Diariamente ves a los trabajadores compitiendo por caer mejor, por ser mejores, por trabajar más, por hacer más horas, por estar más disponibles, cuando en realidad, nada de eso vale para ser mejor persona.

No nos damos cuenta, de que hay un gran juego oculto detrás de toda la competencia que vivimos desde pequeños. Pero no te preocupes, que, en este capítulo, te lo voy a revelar.

Seguramente has oído hablar del juego de Mikado. No, no me refiero a los palitos de chocolate, me refiero al juego, que también son palitos, por ciertos.

El juego del Mikado consiste en coger un puñado de palitos de diferentes colores, donde cada uno tiene un valor diferente y dejarlos caer al suelo.

Cada palito, caerá de forma diferente, tocándose la mayoría con algún que otro palito. El juego consiste en que no se debe mover ningún palo, exceptuando el que estás cogiendo. En caso de que muevas algún otro, pierdes turno sin llevarte ninguno de ellos.

Este juego me trae muy buenos recuerdos, porque jugaba bastante de niña con mi madre. Ahí nos tirábamos horas jugando al Mikado, pero hubo un día que cambió todo, y fue cuando descubrí el juego oculto del Mikado.

Los palos, están luchando por ser los elegidos. Se muestran ahí para que los veas y puedas luchar por ellos para llevarte sus puntos. Pero entre ellos, se tocan, tienen esa competencia para que antes de que te lleves uno, el otro, deje constancia de que no te lo podrás tomar, sin hacerle que se mueva.

Y claro, cuando eres novato, es de la única forma que ves el juego. Pero poco a poco te iré contando los secretos

para que puedas jugar a ese juego, conociendo las estrategias ocultas.

Cuando emprendemos digitalmente, la competencia, sigue existiendo, aunque vayamos todos con una máscara en la que pongamos, soy tu amigo, siempre hay competencia.

Hemos nacido en un mundo en el que todos queremos ser el mejor. Y aquí hay dos tipos de personas, los que reconocen que quieren ser los mejores, y los que no lo reconocen. Pero te puedo decir, que siempre, en algún ámbito de nuestra vida, queremos ser mejores, llevando la razón, siendo el centro de atención, adquiriendo el protagonismo, yendo de héroes o por cualquier motivo que te posicione por encima de otros.

Y es que, el comportamiento humano es así. Siempre miraremos a otros viendo lo que no tenemos y admirando lo que otros tienen, queriendo llegar a tener aquello que no tenemos para que otros nos admiren o simplemente, para ser mejores.

Está claro que no se trata de que nos conformemos, al revés, a mí me encanta precisamente mejorar cada día. Y sí, soy de las del grupo que reconoce que quiero ser la mejor en lo que hago.

Es cierto que cada persona es un mundo, pero te voy a contar los tipos de personalidades, y cómo cada una de ellas busca en el fondo ser el mejor en alguna parte de su vida.

Durante mi emprendimiento, conocí algo llamado eneagrama. Es una herramienta que nos permite saber más de nosotros y que se divide en 9 tipos de personalidades.

Ahora, podrás diferenciar con cuál de estos eneatipos te sientes más identificados. He de decir, que saber sobre el eneagrama es algo fascinante, y que por supuesto te recomiendo. Es una forma de conocerte a ti, pero, sobre todo, de conocer a tus clientes. Y eso es clave para saber sus comportamientos y para saber qué tipo de clientes quieres tener.

Ahora sí, empecemos. Las personas que son tipo uno, buscan ser el mejor en lo que hacen. Buscan la perfección. No se conforman con cualquier cosa. Es más, en el emprendimiento son los que más dificultades tienen de accionar, porque siempre tendrán alguna razón que les impide lanzar. Buscar la perfección, es algo que no te va a permitir hacer lo que realmente quieres. Por eso, es importante que no busques la perfección, sino la excelencia. Da siempre aquello que puedas dar, pon el cien por cien en todo lo que hagas, y ahí tendrás el resultado de la excelencia. No en la perfección.

Este tipo de personas son bastante competitivas, ya que al final, si buscan la perfección, buscan destacar por aquello que hacen. Por lo que siempre, querrán lo mejor.

Las personas que son tipo dos, buscan ser los mejores acompañantes en las malas. Quieren que se les reconozca por lo que ayudan a los demás. La competencia en ellos está en que serán los primeros que irán de héroes, que cuidaran a sus familiares, y que por supuesto, quieren su reconocimiento por tal esfuerzo. Es una competición por ser las mejores personas, pero si no hay reconocimiento, posiblemente exploten de ira, ya que lo que buscan, es el amor de otros a través de su ayuda.

Las personas tipo tres, son competitivas por naturaleza. Quieren ser exitosos en cada ámbito de su vida, les encantan los focos, ser el centro de atención, siempre estarán llamando la atención para ser reconocidos. Si hay una

competición deportiva, irán a por el oro, si están trabajando, buscarán puestos superiores. Tienen la capacidad y la habilidad para conseguir el éxito que tanto quieren. Pero son los más falsos del eneagrama. Son capaces de ponerse la máscara que corresponde en cada lugar, con tal de engatusar a la persona y conseguir sus objetivos. Son competitivos a más no poder.

Los eneatipo tipo cuatro, no son competitivos, porque ya de por sí se creen por encima de todos. Son bohemios y artistas. Muy conectados con la espiritualidad y con dones que consideran que solo ellos tienen. No compiten, porque no tienen la necesidad, ya que ellos se reconocen como únicos.

El eneatipo tipo cinco, son los más competitivos intelectualmente. Seguro que en clase tenías a la típica persona que sacaba de todo matrículas, que fuera la asignatura que fuera, ahí estaba su matrícula de honor. Pero sus notas no bajaban, más bien en función aumentabais de curso. Sus notas siempre eran de matrícula. Estas personas, son competitivas para sentir que lo saben todo. Al ser tan conscientes de que cuanto más saben, más les queda por aprender, pues estarán toda la vida aprendiendo diferentes formaciones, leyendo y haciendo cursos para conseguir tener el mayor conocimiento posible. Esa es su competencia, saber más que nadie.

El eneatipo tipo seis, diría que su mayor competencia es él mismo. Son inseguros y con muchos miedos. Son del eneagrama, los más leales, pero es cierto, que son los que más problemas le ponen a todo antes de hacer algo. Prefieren estar cien por cien seguros antes de hacer algo, y necesitan trabajarse mucho para poder llegar a estarlo.

El eneatipo tipo siete, su mayor competencia es el aburrimiento. Huyen del dolor y su mayor intención es la de pasárselo bien. Les da igual dónde, no son de discutir. Como te he comentado, huyen del dolor. Pero sí que detestan la seriedad y la estabilidad. Buscan aventuras, fiestas y, sobre todo, disfrutar con gente. Son personas poco competitivas, porque en realidad, se distraen con facilidad y el no tener foco hace que lo pierdan también en la competición.

El eneatipo ocho, al igual que el tres, es uno bastante competitivo. Son líderes por naturaleza, tienen las cosas muy claras, y te aseguro, que no te caerán del todo bien la primera vez que los conoces. Son bastante serios, y están enfocados en conseguir los resultados que se han propuesto, esté quien esté por delante.

Y, por último, el eneatipo nueve. Se podría decir que su competición es la paz mundial. Son personas que no las verás discutir nunca. No como un siete que huye, sino porque siempre encontrarán la forma de que todos ganen. Son mediadores por naturaleza, y se sienten incómodos ante cualquier conflicto, así que su competición es resolverlos.

Seguramente te sientas muy identificado con alguno de ellos o incluso con varios. Es normal. También quiero decirte que los eneagramas son muy amplios. Yo simplemente te he comentado los rasgos más característicos de cada uno de ellos, pero en realidad, hay muchos subtipos y, por supuesto, tendrás coincidencias con varios de ellos.

Mi recomendación es que, si quieres saber más sobre el eneagrama, puedas conseguir algún libro sobre ello que te puede ayudar mucho a conocer un poco más sobre este mundo.

Mis recomendaciones son: *Encantado de conocerme* de Borja Vilaseca y *Eneagrama. El poder de los instintos* de Andrea Vargas.

Pero hay muchos libros que te pueden dar información sobre ello.

Lo que quería transmitirte con ello, es que todos tenemos una competencia, más interna o externa, pero al final, una competencia.

Al igual que los palos de Mikado, nos ponemos de frente con muchas personas para luchar y conseguir ser los mejores, y te voy a decir, que así, nunca llegaremos a serlo.

En España y en otros muchos países nos enseñan a ser jefes, y no a ser líderes. Pocas personas que conozco realmente son líderes. Para ser un líder, debes estar al final de la fila empujando a tu equipo, y no haciendo que tu equipo te lleve a cuestas.

Eso es lo que genera, muchas veces, la competencia en los trabajos. Ser el mejor cargador del jefe, al final tiene premio.

Durante catorce años, he tenido diferentes jefes y algún líder en mi trabajo. Los jefes que he tenido han sido pésimos gestionando equipos y muchos de ellos, pésimos a la hora de tratar con personas.

Cuando tú consideras que estás por encima de alguien por tener un puesto superior a otra persona, es donde estás muy equivocado. Nos enseñan a ser los mejores, para creernos que estamos por encima de las personas.

En los podios deportivos, si te das cuenta, cada posición tiene una altura diferente, lo que genera un mensaje claro de que los ganadores son superiores. ¿Cómo no vamos a querer ser los mejores? ¿Cómo no va a ver competición? Lo llevamos viendo desde pequeños, es nuestro día a día. Pero te aseguro, que está muy mal enfocado, y aquí está precisamente el juego oculto del Mikado.

Cuando yo descubrí, que con los palos que ya tenía podía cooperar con los palos que quería coger, resultó todo mucho más sencillo. La estrategia ahí se amplió muchísimo, porque podía dar un golpe seco con el palo que hiciera que el palo contiguo no se moviera o incluso, llegar a coger un palito con dos más, al estilo chino.

Había mil formas de poder hacer que los palitos cooperasen entre sí. Y en la digitalización, ocurre lo mismo. No corres igual de rápido si vas solo que si vas con alguien. Y no me refiero a que tengas un socio, sino que las empresas que más crecen cooperan entre ellas, aun siendo competencia, porque al final, eso ayuda a ambas. Y es que de eso se trata, de que todos ganemos.

La cooperación no está reñida con la competencia, todo lo contrario. Y eso, todavía hay mucha gente que no lo sabe.

En la actualidad veo cómo diariamente hay un círculo de emprendedores que cooperan entre ellos, que se ayudan, que hacen eventos, que facturan, pero el círculo, es el mismo. ¿Sabes qué pasa? Que no salen de su círculo y, aunque creen que están ayudando a la competencia, están cooperando con sus amigos, y ahí, el rebaño siempre será el mismo.

El día que descubran que realmente empezarán a ganar cuando se junten a otras personas que, con una comunidad diferente puedan colaborar, entonces empezaran a entender el significado de la competencia.

La competencia también está saturada al igual que su rebaño. Pero si hacéis que cada uno de los miembros de vuestra comunidad os conozcan, pueden encontrar en vosotros y viceversa, algo diferente a lo que están buscando y que no encontraban en la comunidad inicial.

El propósito de la competencia se trata de que podamos poco a poco conocer otros servicios, otros productos que, aun siendo el mismo, pero llevado por otra persona, sean completamente diferentes.

La magia de ser nosotros mismos, está en eso precisamente, en que, aunque trabajamos en lo mismo, cada uno tiene unos valores, una forma de ser y de trabajar completamente diferente.

El problema muchas veces está en estar con personas que no hacen lo mismo que nosotros.

"Pero Ana, si estoy con personas que abarcan otros servicios o productos, llegaremos a más gente".

Sí, eso está claro, pero realmente, la gente a la que estáis llegando está completamente dividida. Es más, habrá gente que no llegue porque no les interese tenerlo todo junto: alguno de los productos o servicios de la otra persona, no lo quiera, y prefiera contratarlo de forma independiente.

Cuando nos aferramos en ser los mejores del sector, nos estamos atrapando a una competencia imposible. Y no porque no podamos ser los mejores del sector, sino porque estoy segura de que habrás oído que todo está inventado, y eso es porque al final, hay competencia en todos lados. Y querer ser el mejor sin colaboración, es mucho más costoso que si hacemos las cosas de forma estratégica y colaborando.

Si realmente eres el mejor, los clientes lo dirán. Pero ten en cuenta que habrá clientes que digan que tú eres el mejor, y habrá otros que dirán que tu competencia es el mejor. Y sino, mira el fútbol. Puedes ser de un equipo que pierda, que no gane *Champions* ni ligas, pero como sea es tu equipo, ese siempre será para ti el mejor.

La fidelidad es un punto clave, ya que el sentido de pertenencia es algo básico en los humanos, y si sienten que son parte de ti, sentirán que no hay persona más competente que tú. Pero para ello tienes que entregarte al cien por cien a cada uno de tus clientes, ya que, si no lo haces, posiblemente los pierdas.

He conocido a mentes brillantes, realmente podían conseguir cualquier cosa, pero el hecho de que no cuidaran a sus clientes como lo que eran, personas, hacía que muchos de ellos dejarán de creer en lo que ofrecían.

Y es que, cuando vemos un oasis, al principio nos brillan los ojos, pensando que hemos encontrado agua cuando más lo necesitábamos. Pero según nos acercamos, y más conocemos a las personas, más cuenta nos damos de que en realidad, no hay nada, solo una visión difusa en la lejanía de lo que podía haber sido y no fue.

Hay una frase de Tara Brach que me gusta mucho y es la siguiente:

“El éxito de nuestra evolución ha dependido más de la cooperación que de la competencia”.

La cooperación no es más que el juego oculto del Mikado. Recuerda, que detrás de cada juego, hay una estrategia ganadora, y está la encuentras en el juego oculto.

Ahora, ya sabes lo que tienes que hacer a la hora de jugar a la competencia, buscar a aquellos, que ya tienen a tus clientes potenciales en sus comunidades, coopera con ellos y, sobre todo, sé un líder siempre. En la cooperación, en la gestión de equipos, en tu familia, con tus amigos, pero, sobre todo, con tus clientes.

LOS SIMS

Hay juegos interesantes, otros más aburridos, pero os aseguro que los Sims es un juego que me parece brutal. Por lo menos, cuando yo jugaba me parecía algo brutal. Pero, sobre todo, era más interesante si sabías el código secreto para tener todo el dinero que quisieras, aunque muchas veces, perdía la gracia de poder conseguir por ti mismo las cosas. Pero bueno, era inevitable, porque eso te permitía tener la casa que quisieras, los muebles, la decoración. Era alucinante.

Crear tu propio mundo virtual en el que te gustaría estar, y fundar esa vida que querías tener, hacía de los Sims, el juego del momento.

En el juego conocías a tu pareja, os casabais, teníais hijos, perros, aunque muchas de estas cosas dependía demasiado de la edición de Sims que tuvieras. Aun así, siempre podías crear un universo que girara en torno a ti.

Tú eras el protagonista y el creador de todo lo que te sucediera. Pero tenías que estar pendiente también de esas necesidades básicas que todos tenemos, pero que a veces, por preferir estar en otras situaciones, tu sim, se podía llegar hasta morir.

La verdad, es que ahora lo pienso, y dejábamos morir a los bebés por no cuidarles correctamente. Recuerdo la cantidad de tumbitas que había alrededor de la casa por muertes en la familia.

Pero en general, la verdad que el juego era muy entretenido. No dejaba de ser un juego de fantasía en el que podías tener porque la creabas, la vida que quisieras. Incluso, podías seguir la partida o empezar una vida nueva. ¿Cuántas veces, no has querido volver para atrás y comenzar de nuevo? ¿O cuántas veces no te has montado la película en tu cabeza de la vida que quieres tener?

Pues déjame decirte que, con los Sims, los podías hacer una y otra vez.

En él podías encontrar como ese universo digital que a veces queremos crear. Y, ¿sabes qué? Que hay algo que con el emprendimiento me he dado cuenta de que puede ser realmente así.

Cuando emprendí, lo hacía con una mentalidad bastante racional de las cosas. Al final, había estudiado ciencias, y ya sabes, en ciencia todo se tiene que demostrar en estudios científicos o matemáticos, si no, no es válido.

Mi vida eran los números y las justificaciones científicas sobre las cosas. Todo pasa por algo racional. Era de las que creían más en los fundamentos matemáticos que en los fundamentos místicos. Ni siquiera la filosofía me parecía algo tangible. Cada filósofo tenía sus propias ideas, unas contradictorias a las de otro filósofo, por lo que, tenía poca base científica.

Y cuando comienzas el emprendimiento, y te hablan de la importancia de meditar como una necesidad básica para el ser humano, para tu bienestar, incluso, para tu éxito, pues empiezas a investigar un poco más sobre eso.

La verdad que mi entrada en el mundo de la meditación fue catastrófica. Si no lo has hecho o estás empezando, a lo mejor comprendes lo que te voy a decir.

Cuando escuchaba o leía que tenía que poner la mente en blanco, pensaba: "Bueno, no será tan difícil". Pero cuando me ponía, en mi mente había todos los colores e ideas del mundo menos el blanco. ¿Cómo alguien es capaz de dejar esa mente en blanco? Lo veía algo imposible.

Lo cierto es que, con las meditaciones guiadas, la cosa mejoraba, pero no mucho. Mientras me adentraba en el bosque con un río sonando y empezaba a oír los pajaritos de fondo y mi cuerpo empezaba a relajarse, ahí aparecía mi mente con millones de ideas y tareas que tenía pendiente por hacer. Era algo que hoy en día todavía me cuesta.

Es cierto que no medito diariamente, y es algo que recomiendan que hagas todos los días para poder tener ese momento contigo.

Estuve cierta temporada, bastante centrada en mí en el sentido salud, imagen y, sobre todo, bienestar. Cuidaba mi alimentación, el deporte, meditaba. He de decirte, que estaba muy, pero muy bien conmigo misma, y eso ayudaba precisamente a que me sintiera capaz de conseguir cualquier cosa.

“Entonces, Ana, ¿por qué lo dejaste?”. Bueno, creo que no estaba conectada con ese propósito de vida desde un punto de vista propio. Es decir, la competición y el hecho de que pudieran decir los demás, me había motivado más que la idea de poder cuidarme a mí misma porque realmente quería cuidar mi cuerpo y me valoraba.

Eso hizo, que una vez pasó el programa en el que estaba y las miradas, me desinteresara por querer demostrar a nadie que era capaz de conseguir lo que me proponía.

Y con el tiempo, me di cuenta de que no era la única. Eso pasa mucho en el emprendimiento digital.

Cuando realmente te cuidas o creas una vida que es la que te gustaría tener, pero lo haces por los aplausos o por el reconocimiento de los demás, dejarás de hacerlo cuando eso no ocurra y, por tanto, no habrás entendido lo más básico que la mayoría de los humanos seguimos sin entender, y es que todo empieza por uno mismo.

El mundo digital está lleno de personas que han encontrado poder ayudar a otras desde métodos espirituales, algo más allá de la razón.

Hay tantos métodos para poder ayudarte a entenderte, que podría escribir un libro solo de eso, y esa área no es ni mi especialidad y apenas controlo de lo que trata cada una de esas técnicas.

Pero sí que he podido comprobar, cómo cada una de ellas acerca a las personas a su ser, a su sentir y, sobre todo, a

conocerse a sí mismas para poder poner solución a algo de lo que se veían incapaces de continuar.

A veces la razón se escapa, incluso la ciencia no llega todavía a comprender ciertas cosas que suceden, pero así son.

En el mundo digital, la variedad de personas a las que conoces hace que llegues a un montón de sitios que antes ni siquiera conocías. A veces, es como estar en un poblado lleno de bichos raros, cada uno, con un poder diferente.

Y esa es la magia de la digitalización, el que se haya creado un universo lleno de Sims que intentan ayudar a sus Sims vecinos, cada uno, de forma totalmente diferente.

La espiritualidad, no llega por casualidad. Llega por necesidad. Pero es cierto, que todo el mundo espiritual es un mundo totalmente desconocido para la mayoría de las personas.

Este mundo, está muy sesgado por la sociedad. En general se cree que son cuentos, que esas cosas no existen y tampoco pasan. Hay creencias y mentalidades para todo, pero el mundo espiritual, no es solo ver muertos, aunque a veces tengamos esa idea. Es mucho más profundo que todo eso, y en ocasiones, la explicación es hasta científicamente razonable. Solo hay que pararse a escuchar.

El mundo espiritual, está cada día más en cada uno de nosotros. No hace falta ser emprendedor para ver que la gente empieza a integrar la meditación en su día a día. Y es genial escuchar a gente que no emprende, pero que sí medita.

Pero es cierto, que la parte más esotérica o mística, todavía es muy desconocida y rechazada por muchos.

Yo he podido trabajar con diferentes personas que se dedican y trabajan con servicios más espirituales, más de conectar y sentir para poder ayudar a la otra persona.

Uno de los principales problemas que tiene una persona que se dedica al mundo espiritual para ayudar a otros, es que les es bastante complicado bajar a tierra a su *avatar*, ese cliente ideal con el que realmente quieren trabajar.

Digamos que su don o ese propósito que quieren conseguir, abarca muchas personas en este mundo y, por tanto, les cuesta bastante elegir, por decirlo así, un solo problema, cuando son capaces de abordar muchos.

En realidad, eso nos pasa a todos los emprendedores que empezamos en el mundo digital. ¿Por qué elegir un nicho, cuando en realidad los puedes coger todos no?

Y como se suele decir, el que mucho abarca, poco aprieta.

El hecho de centrarte en un nicho, no impide que puedas ayudar a otras personas. Pero, por lo menos, tu mensaje tendrá más sentido y más claridad.

Voy a explicarlo de forma más racional. Imagina que eres un Sim, que puedes crear todo lo que quieras a través de tu magia. Cuando lo descubres, tu primer impulso es decirle a todo el mundo que eres capaz de hacer magia, y que les puedes ayudar a conseguir la vida que desean.

Cuando empiezas a decírselo a las personas, te miran raro e incluso, te apartan como si estuvieras zumbado. “Por favor, ¿quién se va a creer que tiene magia?”.

El problema, es que tu magia no funciona si no confían en ti, por lo que no puedes demostrárselo a personas incrédulas.

Así que bueno, te apartas y empiezas a dejar de decirle a las personas que puedes ayudarlas, porque sabes, que no te van a creer.

De vez en cuando aparece una persona en tu vida a la que ayudas, desde la ignorancia de que utilizas la magia. Esa ignorancia, hace precisamente que confíen en que les puedes ayudar. Pero sigues pensando que no serás capaz de ayudar a más gente, porque solo puedes esperar a que la gente venga a ti con un problema y de esa forma, les puedas ayudar.

Y aquí, es donde está el juego oculto de los Sims. No se trata de decirle a la gente cómo les vas a tratar o cómo vas a trabajar. Sino decirles qué es lo que van a conseguir cuando trabajen contigo.

En los Sims, tú puedes crearte la casa que quieras e incluso, puedes tener la vida y el trabajo que deseas. Pero, aun así, el resto de Sims tienen que pensar que eres uno más, que estás dentro de la sociedad y que piensas igual que ellos, a pesar de tener una gran casa.

No puedes ir diciéndole a tus vecinos que a través de un truco que te has puesto, tienes todo el dinero del mundo, porque te tacharían de loco, y posiblemente mueras por falta de sociabilizar tu Sim con otros Sims.

Por eso, es importante integrarse en la sociedad, es decir, cuando somos emprendedores y, sobre todo, cuando nos va bien o queremos ayudar a otros a que consigan lo mismo que nosotros, no podemos ir gritando a los cuatro vientos que queremos ayudarles, porque posiblemente logremos alejarles.

Lo más importante, es conseguir que esas personas sientan y confíen en que podemos ayudarles, para poder demostrarles, a través de su confianza que podemos hacerlo, bien a través de métodos espirituales, como métodos más mentales. Lo importante de todo esto, es saber transmitir el mensaje correctamente, con el mismo idioma de las personas que queremos ayudar.

Si les hablamos cada uno con nuestros tecnicismos, más los tecnicismos del mundo espiritual, posiblemente huyan porque no entienden nada y, sobre todo, porque no ven clara la promesa, no comprenden racionalmente la forma de cumplir esa transformación que decimos.

Por eso es tan importante tener un *avatar*, un cliente ideal, porque podremos ponernos en su piel, sentir y pensar como esa persona piensa, y así poder dar el mensaje que necesita recibir para que le podamos ayudar.

El mundo digital, me ha traído la magia del mundo espiritual desde diferentes ámbitos. He podido sentir a la vez el descubrirme mucho más a través de este mundo.

Lo mejor, es que gracias a este mundo digital he conocido a grandes personas que sienten este mundo de forma mucho más cercana y espiritual y que ayudan a otras personas que, como yo, de forma más mental, intentamos entenderlo y aprender de todo lo que nos puede llegar a través de este nuevo mundo desconocido.

El mundo está lleno de juegos que están todavía muy ocultos y que precisamente, gracias al mundo digital se están visibilizando mucho más.

En realidad, todavía no somos conscientes de nuestras capacidades y de lo que podemos lograr hacer, a veces incluso, creemos en las propias limitaciones que nos ha sembrado la sociedad, haciendo precisamente, que lo

primero que dejemos de hacer, es en creer en nosotros mismos.

Esa inseguridad nos limita a conseguir muchas de las cosas que queremos lograr como Sims.

Es difícil lidiar con el hecho de que te limiten de forma inconsciente. Siempre nos han marcado un camino, el que la sociedad ha entendido como la mejor vía para ti. Un niño soñador, con los pies en la luna, es necesario bajarle a tierra por miedo a que se dé un buen golpe.

Hay una frase de la película *En busca de la felicidad* que es muy real. “La gente que no logra conseguir sus sueños suele decirle a los demás que tampoco cumplirán los suyos”. Y es así. Al igual que cuando alguien lo cumple quiere ayudar a otros a conquistarlos, alguien que no lo ha logrado, intentará decirte que no alcanzaras los tuyos.

No sabemos nunca si se cumplirán o no nuestros sueños, pero si no lo intentamos, ya tenemos la respuesta clara. Hay personas que prefieren morir sin haber dado el primer paso si quiera, y hay muchas otras, que realmente sentimos dentro que somos capaces de lograrlo.

A lo mejor el camino, no es fácil, a lo mejor nos caemos, pero mientras que no te rindas, te aseguro que nunca habrás fracasado. Recuerda que, mientras sigues en el juego, el juego continúa. Solo en el momento que decides abandonar, es cuando realmente tu juego, se ha acabado. Por lo menos esa jugada.

Y es que, a veces pienso que dejamos de creer en nosotros mismos el mismo día que descubrimos que los reyes no existen. Es como que la única parte mágica que existía ya se extinguió y, por tanto, dejamos de creer en todo aquello que sea mágico y que nos ayuda a conseguir cosas.

Aunque los reyes no existan, nuestros padres hicieron magia cada año para hacer que nuestra ilusión permaneciera intacta. Para que cada vez que nos levantáramos el día seis por la mañana, estuviera todo como si hubieran pasado tres personas dispuestas a entregarte aquellos regalos que habías pedido.

¿No sería genial volver a creer en que todo es posible? Nos tomamos la vida como una lucha, como un reto. Dejamos de jugar cuando nos empiezan a decir: “¿No eres ya mayorcito para jugar con eso?”. Pero, sin embargo, todos tenemos un niño interior dentro al que, si no cuidamos y con el que tampoco jugamos, estará cada día más triste y enfadado. Por eso es importante tomarte la vida como un juego, como una aventura y, sobre todo, como algo para lo que hemos venido, que es principalmente a ser felices.

BLACKJACK

En la vida tendemos a quedarnos a medias o a pasarnos a elegir entre blanco o negro, derecha o izquierda, bueno o malo. Nos cuesta realmente buscar la estabilidad, siempre estamos en los extremos, y eso hace precisamente que no ganemos nuestro juego.

El *Blackjack*, trata de ir a por veintiuno, acercarte lo máximo posible a la cifra sin pasarte con las cartas que te dan.

El repartidor, siempre tiene ventaja, ya que al final, sabe las cartas de los que se acercan a veintiuno, pudiendo arriesgar al máximo las cartas, aun sabiendo que puede pasarse.

Sin embargo, cuando eres el primero, y tienes dieciocho puntos, son pocas las cartas las que te pueden servir para no pasarte de veintiuno. Eso hace que te plantes con dieciocho, y que otra persona saque diecinueve, veinte o incluso veintiuno, haciendo que te hayas quedado a medias y, por tanto, pierdas la partida.

Pero claro, si hubieras continuado, podría haberte salido un cuatro y en ese momento, haber dejado la partida directamente por haberte pasado.

En la vida, nunca sabes qué cartas te van a tocar, y, por ende, no sabes si continuar o plantarte con las que ya tienes.

Es volver a los extremos. ¿Cuánta gente juega al riesgo a pesar de que pueda perderlo todo? ¿Quién se queda a medias y no acciona por no pasarse? ¿Qué es lo más correcto? ¿Me estaré equivocando?

Preguntas que nos atormentan y que, sobre todo, hagamos lo que hagamos, siempre sentiremos que nos hemos oquivooado.

El año 2021, ha sido precisamente, un año en el que la digitalización ha sido clave para muchas personas. Empresas que estaban a medias se han visto obligadas a apostarlo todo en la digitalización, personas que han encontrado su motivación a través de las redes, otras que han conocido a más gente en este año que en lo que llevaba en toda su vida.

Este año ha sido una mezcla de volver a la normalidad en un mundo que ya había cambiado las reglas un año atrás.

El Covid, ha revolucionado el mundo digital, y me doy cuenta, de que, como todo en la vida, lo que haces deprisa y corriendo, al final, es como las cosas que hacemos a

medias, que no llegamos y lo hacemos solo por estar dentro de la sociedad, pero no porque realmente lo sintamos.

Siento que este 2021, se han asentado muchas personas en el mundo digital, pero todavía queda mucho por hacer, sobre todo, en la parte digital.

El hecho de que quisiera escribir, es porque realmente quiero dar una visión de lo que se puede hacer en la parte digital desde un paradigma diferente.

A veces, el hecho de no conocer un mundo nuevo hace que vayamos dando palos de ciego. Pero si a eso, le aumentamos el cómo nos comportamos en la vida real, intensificamos posiblemente, la mala gestión de lo que, en principio, puede potenciarnos en nuestro negocio.

Estamos jugando constantemente desde el pasado o pensando en el futuro. Rara vez lo hacemos desde el presente. Y es que precisamente, desde el presente desde donde más se disfruta.

Cuando nos anclamos al pasado, no dejamos ver la vida con ojos nuevos. Vivimos en lo que pudo haber sido y no fue. Y eso nos martiriza. Por eso no tenemos la motivación suficiente para continuar, porque no tenemos visión de futuro. Ni siquiera disfrutamos del presente. Preferimos ahogarnos en algo que no somos capaces de cambiar, y arrepentirnos, martirizarnos sin llegar a ninguna conclusión.

El pasado está para ayudarnos, no para martirizarnos. En uno de los mejores discursos que ha dado Steve Jobs, hablaba de esto precisamente. Si somos capaces de unir los puntos del presente con los del pasado, entenderemos los aprendizajes que nos regala la vida a cada paso que damos.

Hay algo que debemos tener en cuenta. En el camino de un emprendedor: o ganas o aprendes. Y eso es lo que debes tener en cuenta.

No podemos vivir arrepintiéndonos de lo que hacemos o dejamos de hacer. Lo hecho, hecho está. Lo más importante es que sigamos caminando, sin permanecer mucho tiempo en el pasado. Solo el tiempo suficiente como para que podamos seguir aprendiendo del camino por el cual ya hemos transitado.

Pero, no siempre el problema es el anclaje al pasado. Hay personas que viven en el futuro constantemente, y eso hace que vivan en una vida irreal de forma constante.

Estar pensando constantemente en lo que lograrán, quieren ese futuro, soñando siempre en algo que ni siquiera son capaces de trazar.

El problema de estar siempre imaginando el futuro no es otro que el de no saber trazar el camino, y solo imaginar lo que queremos conseguir no te ayudará a conquistarlo. Eso genera que estemos constantemente haciendo cosas sin un sentido claro para ver si alguna de ellas nos da el resultado que queremos obtener en el futuro.

El hecho de no alcanzarlo nunca, hace que siempre esperemos el momento en el que llegue, haciendo que los días, las semanas, los meses y los años pasen, y no seamos ni conscientes de lo que estamos viviendo cada día.

El lema de “la vida son dos días”, es un lema del cual no somos conscientes hasta que la perdemos o perdemos a alguien lo suficientemente cercano para que nos haga un clic de las cosas importantes que debemos de disfrutar.

Hay personas que viven el presente como si fuera el último día que fueran a estar en la tierra. A mí me encanta esa filosofía, pero es cierto, que después de entender el juego del *Blackjack*, y ser precisamente una persona de extremos, sé que lo mejor no es vivir el día como si fuera el último, sino vivir el presente aprendiendo de los puntos del pasado para construir mi futuro.

No creo que tengamos que elegir vivir en un solo mundo. No se trata de elegir blanco o negro, bueno o malo, derecha o izquierda. En fin, ya sabes, no se trata de extremos, se trata de disfrutar de cada uno de los extremos para alinearnos en algo medio.

No podemos quedarnos a medias, ni tampoco pasarnos, pero tenemos que ir a por todas para conseguir sacar ese veintiuno tan deseado, y ganar la partida.

El juego de *Blackjack* es muy rápido. Te reparten dos cartas y decides si te reparten más o no hasta plantearte, si has podido hacerlo.

Es un juego que se resuelve rápido. Mientras sigas queriendo jugar, y seguir apostando en diferentes partidas, estarás en opciones de ganar.

No es una cuestión de apuesta sin más. Como cada juego, hay una estrategia, y algo oculto que debes saber para jugar realmente al juego con esa estrategia bien formada.

Cuando comienzas a jugar al *Blackjack*, se puede convertir casi en un deporte de riesgo. El hecho de ir apostando para saber si esa jugada será o no ganadora, hace que tu corazón se acelere en cada apuesta.

Pero si realmente, confías en que pasará aquello que tenga que pasar, y empiezas realmente a disfrutar del juego es cuando conseguirás el éxito.

"Entonces Ana, si me dejo llevar, ¿ganaré en el juego?".

El éxito no tiene que ser ganar el juego. Para cada persona, el éxito es algo totalmente diferente. Ahora, cuando más entiendes el camino y el mundo digital, entonces más analizas que el éxito no es solo cuestión de ser el número uno o tener más dinero que nadie. Se trata de algo más profundo y, sobre todo, interno.

Estamos constantemente intentando querer tener la razón, queriendo imponer nuestros pensamientos a los de los demás. Lo que no sabemos, es que esas ideas, en la digitalización, también nos afectan, y nos vamos intoxicando de lo que otros quieren que nos creamos, y el 2021 es un claro ejemplo de ello.

El Covid ha significado precisamente ese debate de querer tener razón. Cada uno tiene unas ideas diferentes, y en todo esto, está el juego oculto del *Blackjack*.

Hay dos bandos, los que temen al Covid y los negacionistas. Recuerda que son los extremos. Pero ese sería el resumen.

Los que temen al Covid, son personas que han vivido de cerca ese virus, que han tenido muertos por el mismo cerca de ellos de los que no se han podido despedir, que han perdido sus trabajos, que realmente todo esto, les ha cambiado la vida y temen que en cualquier momento les vuelva a cambiar.

Personas, que incluso, han estado al borde de la muerte por haberse contagiado, que han estado ingresados y que les ha faltado el oxígeno durante días o semanas.

También hay personas, que simplemente, tienen miedo, y no quieren quedarse ancladas en el pasado, lamentándose porque alguien en su familia ha muerto por su culpa.

Sin embargo, está el otro "bando", que son los negacionistas. Los que realmente creen que todo esto está manipulado, que igualan el Covid a una gripe, que realmente sienten que los números son algo sin sentido y sin verificación. Que intentan sacar de todo una razón de que todo esto es algo para manipular y tener controlada a la población.

Muchos de ellos, no quieren ponerse la vacuna, ya que algunos piensan que tienen un chip para controlarnos, otros porque de ahí tendremos el pasaporte y, por tanto, nos tendrán controlados a dónde viajamos, en qué bares estamos. Es decir, un total abuso a la privacidad.

Y estos dos bandos, los tenemos en grupos de amigos, familia, trabajo, y todos mandando argumentos para demostrar quién de los dos es el que tiene más razón.

Cuando ambos bandos juegan a ver quién llega a la razón y sacar ese veintiuno antes que el contrincante. Esta lucha se convierte en un constante de pedir cartas y sacar ases constantemente. Eso provoca que se alargue mucho más la partida, y que nunca termine.

El juego, se convierte en un respeto del bando contrario falso. Y cuando digo falso, me refiero a que todos decimos respetar al otro bando, pero no es real.

Nuestras ideas harán que realmente vivamos en una lucha constante de considerar cuál de los dos bandos ganará esa libertad que quieren. Si los que realmente quieren que haya precauciones para vivir tranquilos o los que quieren vivir tranquilos sin que las haya.

Este año he aprendido precisamente que el éxito verdadero, no está en llevar razón, sino en que con nuestra razón vivamos la vida que queremos. No se trata de discutir, de creernos por encima de la razón de otras personas.

Pero es difícil, cuando vemos que algo nos parece injusto, no luchar para que se haga justicia.

Pero esa justicia no llegará desde la lucha, sino desde el cambio de uno mismo. La digitalización, en muchos aspectos, ha hecho que la gente esté más pendiente de lo que hacen los demás, de lo que podemos llegar a hacer por nosotros mismos.

La sociedad nos invita constantemente a opinar sobre lo que hace el resto, y por supuesto, a que la gente opine por tanto de nosotros.

Eso hace que estemos en constante rivalidad y envidia y, por tanto, que nos sintamos mejor o superiores por pensar de forma diferente, sintiendo que nuestra razón es más válida que la de otra persona.

Y aquí es donde precisamente se encuentra el juego oculto de *Blackjack*, y es que, lo que puede parecer al principio como ventaja, es solo una cuestión de cómo queremos enfocar la partida.

Cuando empezamos la partida sintiendo que estamos en desventaja, nada más con ese pensamiento ya estaremos en desventaja. Pero el juego oculto, esconde algo más poderoso que el hecho de conseguir sacar veintiuno.

Cuando realmente te enfoques en tu carta, en tu juego, dará igual lo que el resto saque, porque habrás sentido y te habrás escuchado si querías o no continuar.

Aun perdiendo la partida, sentirás que has ganado, porque el juego continúa, y tú estarás disfrutando.

Posiblemente, durante las partidas, haya personas frustradas, desesperadas e incluso, agresivas. Pero tú, solo tendrás que estar pendiente de ti, sin juzgar el juego de nadie, solo el tuyo.

Cada juego tiene algo oculto, y el *Blackjack* intenta poner al límite a cada persona que juega. Un juego que aparentemente parece sencillo y fácil de ganar puede hacer que tus emociones te traicionen, como en cada parte de tu emprendimiento digital.

No somos conscientes de cómo las emociones juegan en nuestra contra, hasta que no somos capaces de controlarlas. Y ahí, es donde está la verdadera victoria.

Cuando realmente, una persona que no opina igual que tú, no es capaz de desestabilizarte, sino que lo escuchas, das o no tu opinión, y continuas con tu vida para seguir disfrutando, haciendo que esa conversación, no te altere el ánimo que traías.

Estamos constantemente justificando nuestros enfados, nuestros golpes en la mesa, las discusiones, con un, "el mundo está fatal y necesita un cambio".

Gritamos a nuestros hijos o les castigamos pensando que estamos por encima de ellos y sabiendo más que ellos, somos nosotros los que tenemos que enseñarles a comportarse, a vivir en sociedad, cuando realmente ni nosotros hemos aprendido a vivir en ella.

El hecho de pensar que nosotros actuamos mejor que el resto de las personas, y por eso tenemos que educar a la sociedad, hace precisamente que nunca empiece el cambio.

SI realmente quieres hacer un cambio, quieres decírselo al mundo entero y, por ende, ayudar a mejorar aquello que crees que se nos va de las manos, empieza por ti mismo. El día que hagas que tu vida cambie y seas capaz de sonreír y que tus emociones cambien porque otra persona actúe de forma que no consideras correcta, entonces, estarás cambiando el mundo.

La digitalización no es blanca ni negra, tampoco buena ni mala. La digitalización es un medio que nos da la oportunidad de poder llevar nuestro mensaje y nuestros servicios al mayor número de personas.

Si entras en el juego del ego e intentas demostrar al mundo que tú eres mejor, te aseguro que en la primera partida que pierdas te apartarás, porque no serás capaz de enfrentar una pérdida.

A veces, no somos ni conscientes de cuándo estamos creyéndonos por encima de la verdad, del bien y del mal. Pero te aseguro, que cada vez que te perturba que alguien no piense igual que tú, hay una parte de ti que piensa que esa persona, todavía no ha alcanzado el nivel de consciencia que tú tienes y, por tanto, tiene que aprender para saber lo que tú sabes.

Y muchas veces es ignorancia, pero pensar que tú sabes más que otras personas, es en muchas ocasiones, pensar que estás por encima de otros.

Este año, el mundo digital me ha dejado un regalo muy importante, y es que, para ser maestro, tienes que estar dispuesto a ser aprendiz. Los maestros enseñan lo que tienen, pero también están abiertos a que otras personas les enseñen otros puntos de vista. Y ahí es donde comienza la empatía y realmente el cambio para mejorar nuestras emociones y pensamientos.

Se nos llena la boca diciendo que queremos cambiar el mundo, demostrando que somos buenas personas y que nos encanta ayudar. Pero te diré algo:

El mundo cambiará en el momento que cambiemos nuestro propio mundo interno.

TU PROPIO JUEGO OCULTO

En la digitalización, puedes tener la sensación de ser la última persona en enterarse de las novedades. A veces parece que se trata todo de magia, donde realmente crees que, o sabes hacer los trucos o no estarás capacitado para poder entenderte con la digitalización.

El hecho de sentir que es un medio con el que no estás integrado y, sobre todo, trabajar de forma cómoda, hace que haya un distanciamiento y una generación de pereza, que hace que no comiences o que no continúes.

Aun así, el hecho de querer continuar bajo cualquier circunstancia, siendo resiliente, puede ser algo que te llame de manera especial la atención, pero que, en realidad, no será suficiente para llegar al objetivo que te marcaste cuando empezaste.

No solo vale con no caer por el camino para llegar a tu destino, sino de realmente actuar de la forma más inteligente para sentirte un mago dentro de este nuevo mundo, que lleva ya más de dos décadas entre nosotros.

El Covid, precisamente, ha hecho que este medio esté mucho más integrado en todos nosotros. ¿Quién pensaría que hablaríamos con nuestra familia a través de una aplicación llamada Zoom? Cada una de las aplicaciones que han empezado a florecer desde entonces, en muchas ocasiones nos han acercado de manera digital a personas que jamás pensaríamos conocer o tener tan cerca de nuestra vida.

Aun así, hay muchas personas que ya estaban en este mundo digital antes de que todo esto llegara a nuestras vidas de forma repentina, y nos viéramos, en muchos casos, obligados a trabajar desde casa y empezar a adaptarnos con un mundo que ni controlábamos, y muchos no tenían ni interés para ello.

Pero quiero explicarte que es un mundo en el que todos podemos entrar, no importa que no hayamos entrado a tiempo o que eso creamos.

Como la magia, la digitalización es algo que podemos aprender y con lo que nos podemos adaptar.

En este libro, he intentado transmitir, que no es cuestión de hacerlo todo, y de saberlo todo, pero sí por lo menos,

conocer el terreno y los trucos para que puedas también crear tu propio truco de magia.

La magia tiene secretos ocultos, que muchas veces, solo el mago conoce. En cada uno de estos capítulos, has podido ver cómo cada juego tiene su propio juego oculto que, no todo el mundo conoce. En ocasiones, las reglas del juego, difieren mucho de su juego oculto, lo que a veces hace imposible conocerlo o descubrirlo.

Es posible que no te guste ni la magia ni los magos. Es posible que te parezca algo aburrido y en el que, sobre todo, al no entender el truco, pues se escapa de tu control y, por tanto, no te interesa verlo sabiendo que hay algo detrás, pero no consigues saber qué es.

Cuando somos niños, todos creemos en que hay un hombre gordito, vestido de rojo, que vuela por todo el mundo dejando los regalos en cada una de las casas. Normalmente se dice que entra por las chimeneas y, aunque tu casa no la tenga, también entra por la chimenea o así lo crees.

Al igual, días más tardes, llegan tres hombres en camello, por todo el mundo, repartiendo más regalos y se beben y comen lo que les hayamos dejado en el salón.

Pero hay más, hay un ratoncito, que cada vez que a un niño se le cae un diente, va a cada cama de cada niño, para llevarse los dientes y dejarle a cambio un regalo debajo de sus almohadas.

La diferencia de un niño y un adulto, está en la inocencia de creer que la magia ocurre sin más, mientras que cuando descubrimos que todo esto no es más que una cuestión de gestión por parte de nuestros padres, para mantener el máximo tiempo posible una ilusión que no es cierta, dejamos automáticamente de creer en todo aquello que tenga que ver con la magia.

Cuando se descubre que no es cierto y, sobre todo, la forma en que normalmente descubrimos que no es, nos genera una desilusión tan grande, que nos hace dejar de creer posiblemente en la magia para siempre.

Con este libro, quiero traerte precisamente, un poquito de esa magia que se fue hace unos años y que, a algunos, como a mí, a veces nos cuesta recuperar.

A través de cada capítulo, he querido traerte un rayo de luz, para que puedas empezar a disfrutar de la digitalización de forma muy diferente.

Para muchos, la digitalización es algo tedioso y aburrido, y para mí es un regalo. Y ese regalo es el que te he querido hacer a través de estas letras que han salido para que puedas empezar a disfrutar de todo lo que te puede dar este maravilloso medio como es el medio digital.

En cada uno de los juegos, has descubierto qué se esconde detrás, cuál es su juego oculto. Ahora, te toca a ti hacer tu propio juego oculto, aquello por lo que quieres que otras personas vivan mejor, sientan que les estás ayudando y, por supuesto, puedes o no generar ingresos con ello, ahí tienes siempre plena libertad.

Todo lo que he escrito en el libro, son pensamientos y creencias propias, que me han ayudado a que, a día de hoy, construya el camino que yo quiero. Pero nada en esta vida es certero, cada uno de nosotros tenemos ideas y creencias que nos ayudan en nuestro día a día.

Y es que, en la riqueza está la variedad. Si todos pensáramos lo mismo, ya no seríamos ricos en opinión, ni tendríamos opción para pensar ni opinar sobre otras opciones.

Con esto te quiero decir, que no te creas nada de lo que he escrito al cien por cien, ni tampoco que te cierres a ello. La vida es un constante probar y disfrutar, haciendo que las cosas nuevas que nos llegan tengan la oportunidad de que, sin ser juzgadas, puedan ser experimentadas.

Desde que tengo uso de razón, he escuchado que el mundo se acaba muchas veces. A veces siento, que vivir con temor es lo que hace que otras personas puedan seguir jugando con sus cartas y que frenen a otros en sus carreras.

Ten en cuenta, que, si todos estamos corriendo para ganar una carrera, y el que está delante de ti, te dice: "¡Cuidado, no sigáis que hay un tsunami!". Posiblemente haga que la gente que van detrás, se pare e incluso corran hacia atrás para no ser alcanzados por el tsunami.

Pero, no siempre tenemos que correr todos para terminar en la misma meta. Y es ahí donde está el secreto de la continuidad y de la felicidad.

Hay personas que ya solo por estar en la salida, se sienten satisfechas y felices, y otras, que hasta que no terminan no lo harán.

Lo importante, es que suceda lo que suceda, tu felicidad y, sobre todo, tu bienestar estén plenos, para que así, puedas decidir sin influencia de nadie.

Y eso no significa que, si alguien te avisa de un peligro, no te lo creas, pero sí que hagas lo que sientas, y no lo que la gente, por miedo, suele hacer.

Las noticias, las tertulias, los periódicos son fuentes de miedo constante. Desde pequeña, nunca me han gustado, pero no por lo que decían, sino por su formato.

Pero desde que empecé a emprender, dejé de ver la tele, algo que aconsejan para tener mucha más productividad. Cuando decimos que nos faltan horas en el día, es porque no somos conscientes todavía del tiempo que estamos tirando por el camino.

Hacemos tareas, sin pensar cómo sería la forma más productiva de ordenarlas. Pero, sobre todo, cuando tenemos esos tiempos para ver la televisión, no solo se nos va el tiempo, sino que también se nos va la energía. Porque el hecho de que todas estas noticias que vemos, nos afectan a nuestro día a día, nos asustan, y empezamos a pensar cómo será nuestro futuro si... Recuerda el capítulo anterior, donde te comentaban aquellas personas que vivían siempre pensando en lo que lograrán en el pasado. Pues imagínate que en vez de pensar qué lograrás, estás pensando constantemente cómo vivirás ante una catástrofe, que todavía no ha sucedido.

Ya no pensamos en el pasado, ni en el presente, pero es que tampoco lo hacemos a futuro. Estamos pensando en condicional. Y si...

Pensar en condicional, genera una mayor ansiedad que si pensamos en futuro incluso. Nuestra mente, empieza a crear historias hipotéticas que no dejan hueco a nada más. Empezamos a tener miedo, incertidumbre y nos enfadamos por todo.

“Ya Ana, pero es que, si no vemos las noticias, no nos enteramos de lo que ocurre en el mundo”.

Y yo te pregunto: ¿eso te ayuda? ¿Te ayuda saber qué pasa en el mundo? ¿Vas a solventar algo? ¿Crees que el hecho de que estés informado hará que cambie o simplemente te dará conversación para hablar con amigos, incluso, con el de la panadería?

Créeme si te digo, que nadie es más culto por saber lo que ocurre en el mundo. Lo que sí te puedo decir, es que la gente, es mucho más feliz sin saber lo que ocurre en el mundo.

Es más, todos sabemos lo que ocurre, y verlo diariamente, no hace que la gente cambie, ni que tampoco, la sociedad lo haga. Ni siquiera hace que tú cambies.

Entonces, ¿para qué ver constantemente tragedias que no te dan nada bueno? Pero, sobre todo, las tragedias que unos pocos quieren contar, porque hay millones de tragedias en el mundo que no cuentan.

Al día hay cientos de suicidios, asesinatos, violaciones, gente que muere de hambre. Pero es que no hace falta ver los informativos o ver cómo unos pocos lo cuentan a su forma de ver aquellas noticias que interesan en ese momento.

Si quieres saber cómo está el mundo por interés propio, está genial. A mí me encanta ver datos, y si quiero ver datos, lo hago en internet.

Pero cuidado, no todo en internet es ni bueno, ni fiable. Tienes que tener cuidado e intentar contrastar la información con estadísticas oficiales y, sobre todo, intenta evitar los periódicos digitales, ya que al final, no dejan de ser un noticiero *online*.

Cualquier persona en internet, puede publicar aquello que quiera. Quien quiera puede tener un blog, y puede hablar

de datos e incluso, de su forma de ver el mundo. Puede tener noticias que crean que son interesantes para la gente, generar audiencia, y que realmente no haya nada de cierto en eso. Pero ha generado la audiencia que quería.

Con esto te quiero decir, que busques aquello que realmente te interese, por el que realmente puedas hacer algo o simplemente, tener el conocimiento para saber el estado del mundo si realmente te preocupa.

Pero mi consejo, sobre todo, es que te concentres primero en tu mundo. Hay algo que he aprendido este año, y es precisamente el hecho de cegarte en ayudar a otros, cuando tú necesitas más ayuda. Estamos constantemente mirando lo que hacen otros, lo que corregir en los demás, cómo mejorar al resto. Y eso, a veces hace que deseemos que alguien venga a rescatarnos para ayudarnos a mejorar aquello que nos falta.

Te aseguro, que nadie vendrá a rescatarte, si no lo haces tú antes. No podemos depender del resto del mundo, porque solo hay una persona en este mundo que realmente puede ayudarte, y esa persona eres TÚ.

Desde el momento que nacemos, todo lo que realizamos lo hacemos para nosotros. Lloramos para comer, dormimos para descansar. No tenemos más problemas que los dolores o cambios que se puedan generar en nuestro cuerpo. Pero el resto, lo hacemos para poder sobrevivir a un nacimiento y poder salir adelante para seguir viviendo.

Sin embargo, como seres sociales que somos, empezamos a perder ese foco cuando nuestras relaciones empiezan a aumentar.

Desde que somos pequeños, no nos enseñan a que miremos por nosotros. Es más, potencian más el hecho de que miremos por el resto, ya que pensar en nuestro bienestar, puede ser egoísta.

¿Cuántas veces escuchamos? "Dale un beso a la tita, que te quiere mucho". Y detrás un niño resignado, dándole un beso a su tía, la cual quiere, pero no le apetece en ese momento y se ve obligado.

¿Cuántas veces te han dicho? "Comparte tus juguetes con el resto de los niños, sé bueno". Diciendo claramente que, si no compartes algo, no estás siendo bueno.

Pero realmente, no nos explican qué es compartir, no nos dan opción de elegir. Simplemente, en la sociedad está bien visto que los niños tengan un comportamiento excelente, porque, sino las miradas irán hacia los padres, considerando a su hijo de malcriado, caprichoso y de malo. Así que, a fin de evitar un juicio, los padres entran para reñir a sus hijos, antes de que les juzguen a ellos.

Y así es como funciona la sociedad, las noticias y cada una de las cosas que vemos diariamente, que lo único que hacen en nuestra vida es restar, y no sumar.

Por eso es importante, que antes de hacer nada, te escuches, sientas que quieres realmente, sin juicios, sin preocupaciones por lo que dirán, realmente sintiendo que hará que estés mejor y sobre todo en bienestar.

Haz cosas que te sumen a conectarte contigo mismo, que te hagan empoderarte y, sobre todo, recuperar tu esencia, porque prácticamente todos la hemos dejado en el camino.

No hace falta que te frenes, ni que retrocedas. Puedes continuar poco a poco tu camino, recuperando aquello que perdiste, pero sin pausa.

La digitalización en sí, es un juego, tú decides realmente cómo quieres jugarlo y cómo quieres que sean las reglas de tu juego.

Tienes la oportunidad realmente de crear algo que parte de ti, dejar un legado, hacer algo que te llene y con lo que realmente te sientas bien.

Las personas son importantes, por supuesto, pero lo más importante, eres tú. Porque el día que tú mueras, esas personas no podrán vivir por ti, ni agradecerte todo lo que hiciste por ellos.

Pero si tú, has vivido en plenitud y, sobre todo, siendo feliz, es algo que jamás nadie te podrá quitar, y habrás dejado un legado, que es la de ser tú mismo siempre, dando lo mejor de ti, sintiendo la vida como es, y dejando ese legado como regalo para todos.

Ya tienes mis recomendaciones para poder empezar a crear tu juego oculto en el mundo digital. Ahora, solo tienes que dejarte ayudar por otros que más la controlan, y hacer tú la parte que más te apasiona, con la que más disfruta, y el resto, vendrá solo.

Sobre todo, no te olvides de disfrutar de cada cosa que hagas. No sabemos cuánto durará tu juego, pero el tiempo que dure, intenta pasarlo bien para que otros puedan seguir jugando una vez tú, hayas ganado la partida.

QUIERO REGALARTE ALGO MÁS

Este libro recoge cada uno de los juegos ocultos que encontrarás a la hora de digitalizar tu negocio, pero ¿y si pudieras ampliar esa información y acceder a un repositorio de recursos ocultos para continuar aprendiendo?

En el siguiente QR vas a encontrar una biblioteca de recursos creados por mí para ayudarte a dar forma a tu negocio y que alcances los objetivos que te propongas con ellos.

La vida es un juego, y la mejor manera de aprender, es jugando, así que, ¿juegas?

Escanea para seguir jugando:

Si prefieres, puedes pegar directamente en tu navegador la siguiente dirección:

https://anabastida.com/recursos

También puedes seguirme en Redes:

INSTAGRAM - @ana_bastida_

FACEBOOK - @anabastida22

LINKEDIN – Ana Bastida

CLUB HOUSE - @ana_bastida_

Youtube – Ana Bastida

SOBRE ANA BASTIDA

Madrileña de nacimiento, pero con el alma en trescientos lugares distintos (llamemos lugares a las personas).

Tiene aquellos ojos de niña, que miran atentos y con sumo interés al que tiene en frente, viendo en él un proyecto que estalla como un cohete a fuerza de trabajo, y así se lo hace ver. Constancia, cariño, entusiasmo y fé, es lo que convierten a Ana Bastida en una bestia emprendedora capaz de potenciarte y elevarte a tu máximo exponente.

Este es sólo el primero de sus libros, un recorrido por todo ese almacén de ideas que alberga una de esas mujeres que no conocieron la palabra conformismo.

Te llevará muy lejos, desde que abras la primera de estas páginas. Bienvenidos al no conformismo.

www.ingramcontent.com/pod-product-compliance
Lightning Source LLC
LaVergne TN
LVHW050407160826
845677LV00002BA/279

* 9 7 8 8 4 1 9 0 7 3 7 3 0 *